Isä Antaa Teille Minun Nimessäni

Dr. Jaerock Lee

*"Ja sinä päivänä te ette minulta mitään kysy.
Totisesti, totisesti minä sanon teille: jos te anotte jotakin Isältä,
on hän sen teille antava minun nimessäni.
Tähän asti te ette ole anoneet mitään minun nimessäni; anokaa,
niin te saatte, että teidän ilonne olisi täydellinen."*
(Joh. 16:23-24)

Isä Antaa Teille Minun Nimessäni by Dr. Jaerock Lee
Julkaisija Urim Books (Edustaja: Seongnam Vin)
73, Yeouidaebang-ro 22-gil, Dongjak-gu, Seoul, Korea
www.urimbooks.com

Kaikki oikeudet pidätetään. Tätä kirjaa tai mitään sen osaa ei saa kopioida missään muodossa, ilman kustantajan kirjallista lupaa.

Copyright © 2018 by Dr. Jaerock Lee
ISBN: 979-11-263-0422-6   03230
Suomenkielisen laitoksen Copyright © 2011 by Dr. Esther K Chung.
Käytetty luvalla.

Julkaistu aikaisemmin koreaksi 1990, Urim Books, Seoul, Korea

Ensimmäinen painos Heinäkuu 2018

Toimittanut: Geumsun Vin
Suunnittelu: Editorial Bureau of Urim Books
Painaja: Prione Printing
Lisätietoja varten ota yhteyttä: urimbook@hotmail.com

Esipuhe

"Totisesti, totisesti minä sanon teille: jos te anotte jotakin Isältä, on hän sen teille antava minun nimessäni."

(Joh. 16:23)

Kristinusko on usko, jonka kautta ihmiset kohtaavat elävän Jumalan ja kokevat Hänen tekojaan Jeesuksen Kristuksen kautta.

Jumala on kaikkivaltias Jumala, joka on luonut taivaat ja maan. Hän hallitsee maailmankaikkeuden historiaa sekä elämää, kuolemaa ja ihmisten kirouksia ja siunauksia. Hän myös vastaa lastensa rukouksiin ja Hän tahtoo heidän elävän siunattuja elämiä Jumalan puhtaina lapsina.

Kaikki Jumalan uskolliset lapset kantavat sisällään Hänen valtaansa johon he Jumalan lapsina ovat oikeutettuja. Tämän vallan kautta Jumalan lapsen tulee elää elämää jossa kaikki on mahdollista, jossa häneltä ei puutu yhtään mitään ja jonka kautta hän nauttii siunauksista ilman syytä kadehtia tai olla kenellekään mustasukkainen. Hänen tulee tuottaa Jumalalle kunniaa elämänsä kautta elämällä siunauksista ylitsevuotavaa, voimakasta ja menestyksekästä elämää.

Voidakseen nauttia tämänkaltaisesta siunatusta elämästä henkilön tulee ymmärtää täysin hengellisen maailman lait Jumalan vastausten kautta ja saada kaiken mitä hän Jumalalta Jeesuksen Kristuksen nimessä pyytää.

Tähän teokseen on koottu aikaisemmin kaikille uskoville saarnattuja sanomia jotka ovat olleet suunnattuja varsinkin niille jotka uskovat kaikkivaltiaaseen Jumalaan ilman epäilyksiä ja haluavat elää elämää joka on täynnä Jumalan antamia vastauksia.

Minä rukoilen Jeesuksen Kristuksen nimessä, että tämä teos, *Isä Antaa Teille Minun Nimessäni,* toimisi opaskirjana joka johdattaa kaikki sen lukijat tietoisiksi hengellisen maailman laeista Jumalan vastauksien suhteen ja saamaan kaiken sen mitä he rukouksessa pyytävät!

    Minä annan kaiken kiitoksen ja kunnian Jumalalle siitä että Hän on antanut tämän Hänen kallisarvoisia sanojaan sisältävän kirjan tulla julkaistuksi, ja minä ilmaisen vilpittömän kiitollisuuteni kaikille jotka ovat tehneet tämän kirjan eteen työtä.

Jaerock Lee

Sisältö

Isä Antaa Teille Minun Nimessäni

Esipuhe

Luku 1
Kuinka saada Jumalan vastauksia 1

Luku 2
Meidän pitää myös anoa 15

Luku 3
Jumalan vastauksia koskeva hengellisen maailman laki 25

Luku 4
Tuhoa synnin muuri   39

Luku 5
Sinö korjaat mitä sinä olet kylvänyt   51

Luku 6
Jumala vastasi Elialle tulen avulla   65

Luku 7
Sydämesi halujen täyttämiseksi   77

Luku 1

Kuinka saada Jumalan vastauksia

Lapsukaiset,
älkäämme rakastako sanalla tai kielellä,
vaan teossa ja totuudessa.
Siitä me tiedämme, että olemme totuudesta,
ja me saatamme hänen edessään rauhoittaa sydämemme sillä,
että jos sydämemme syyttää meitä,
niin Jumala on suurempi kuin meidän
sydämemme ja tietää kaikki.
Rakkaani, jos sydämemme ei syytä meitä,
niin meillä on uskallus Jumalaan, ja mitä ikinä anomme,
sen me häneltä saamme,
koska pidämme hänen käskynsä ja teemme sitä,
mikä on hänelle otollista.

1. Joh. 3:18-22

Jumalan lapsille on suuri ilonaihe että kaikkivaltias Jumala on elävä, että Hän vastaa rukoiksiin ja että kaikki asiat toimivat heidän hyväkseen. Tähän uskovat rukoilevat palavasti voidakseen saada Jumalalta kaiken mitä he Häneltä pyytävät ja he ylistävät Häntä sydämensä pohjasta.

1. Joh. 5:14 sanoo: *"Ja tämä on se uskallus, joka meillä on häneen, että jos me jotakin anomme hänen tahtonsa mukaan, niin hän kuulee meitä."* Tämä jae muistuttaa meitä että meillä on oikeus saada Jumalalta kaiken mitä me Häneltä pyydämme jos me teemme tämän Hänen tahtonsa mukaisesti. Oli vanhempi sitten kuinka kavala tahansa, edes hän ei anna pojalleen kiveä kun tämä pyytää häneltä leipää, eikä hän anna lapselleen käärmettä kun tämä pyytää äidiltään leipää. Mikä voisi sitten estää Jumalaa antamasta lapsilleen hyvä lahjoja kun he Häneltä niitä pyytävät?

Jeesuksen eteen Matteuksen jakeissa 15:21-28 saapunut kanaanilainen nainen ei saanut pelkästään vastauksia rukouksiinsa vaan myös hänen sydämensä halut tulivat täytetyiksi. Tämän naisen tytär kärsi suuresti kauheasta riivaajasta, mutta silti tämä nainen pyysi Jeesusta parantamaan tyttärensä sillä hän uskoi että kaikki oli mahdollista niille jotka uskoivat. Mitä sinä luulet että Jeesus teki tälle pakananaiselle joka lannistumatta pyysi Häntä parantamaan tyttärensä? Joh. 16:23 sanoo: *"Ja sinä päivänä te ette minulta mitään kysy. Totisesti, totisesti minä sanon teille: jos te anotte jotakin Isältä, on hän sen teille antava minun nimessäni,"* Nähtyään

kuinka vahva tämän naisen usko oli Jeesus myönsi hänelle toiveensa. *"Oi vaimo, suuri on sinun uskosi, tapahtukoon sinulle, niinkuin tahdot"* (Matteus 15:28).
Kuinka ihmeellinen ja suloinen Jumalan vastaus onkaan! Jumalan lapsina meidän tulee tuottaa Hänelle kunniaa ottamalla vastaan kaiken mitä me Häneltä pyydämme jos me uskomme elävään Jumalaan. Tämä luku perustuu raamatunkohtaan, jonka avulla me tutkiskelemme seuraavaksi kuinka me voimme saada Jumalalta vastauksia.

1. Meidän täytyy uskoa Jumalaan joka lupaa vastata meille

Jumala lupasi meille Raamatun kautta että Hän vastaisi varmasti meidän rukouksiimme ja pyyntöihimme. Joten me voimme pyytää palavasti ja saada kaiken mitä me Jumalalta pyydämme ainoastaan jos me emme epäile tätä lupausta.
4. Moos. 23:19 sanoo: *"Ei Jumala ole ihminen, niin että hän valhettelisi, eikä ihmislapsi, että hän katuisi. Sanoisiko hän jotakin eikä sitä tekisi, puhuisiko jotakin eikä sitä täyttäisi?"* Jumala lupaa meille Matteuksen jakeissa 7:7-8 seuraavasti: *"Anokaa, niin teille annetaan; etsikää, niin te löydätte; kolkuttakaa, niin teille avataan. Sillä jokainen anova saa, ja etsivä löytää, ja kolkuttavalle avataan."*
Raamatussa on monta kohtaa jossa viitataan siihen kuinka Jumala on luvannut vastata meille jos me vain pyydämme Hänen

tahtonsa mukasesti. Seuraavat ovat esimerkkejä tästä:

"Sentähden minä sanon teille: kaikki, mitä te rukoilette ja anotte, uskokaa saaneenne, niin se on teille tuleva" (Mark. 11:24).

"Jos te pysytte minussa ja minun sanani pysyvät teissä, niin anokaa, mitä ikinä tahdotte, ja te saatte sen" (Joh. 15:7).

"Ja mitä hyvänsä te anotte minun nimessäni, sen minä teen, että Isä kirkastettaisiin Pojassa" (Joh. 14:13).

"Silloin te huudatte minua avuksenne, tulette ja rukoilette minua, ja minä kuulen teitä. Te etsitte minua ja löydätte minut, kun te etsitte minua kaikesta sydämestänne" (Jeremia 29:12-13).

"Ja avuksesi huuda minua hädän päivänä, niin minä tahdon auttaa sinua, ja sinun pitää kunnioittaman" (Psalmi 50:15).

Tämä Jumalan lupaus löytyy yhä uudelleen ja uudelleen sekä Vanhasta että Uudesta testamentista. Vaikka tästä lupauksesta kertoisi yksi ainoa jae, me pitäisimme siitä kiinni ja rukoilisimme voidaksemme saada Hänen vastauksiaan. Tämä lupaus löytyy kuitenkin useaan otteeseen läpi koko Raamatun, ja niin meidän täytyy uskoa että Jumala on todellakin elävä ja että Hän toimii samalla tavalla eilen, tänään ja ikuisesti (Hepr. 13:8). Raamattu myös kertoo kuinka useat siunatut, Jumalan sanaan uskovat miehet ja naiset pyysivät ja saivat Häneltä vastauksia. Meidän tulee seurata tätä uskoa ja näiden ihmisten sydämiä ja elää oma elämämme tavalla joka antaa meidän saada Häneltä aina vastauksia.

Jeesus sanoi halvaantuneelle miehelle jakeissa Mark. 2:1-12 seuraavasti: *"Poikani, sinun syntisi annetaan anteeksi. Nouse, ota vuoteesi ja mene kotiisi."* Halvaantunut mies nousi ylös, otti vuoteensa ja käveli kaikkien paikallaolijoiden nähden, jotka eivät voineet muuta kuin hämmästellä ja ylistää Jumalaa.

Matteuksen jakeissa 8:5-12 sadanpäämies saapui Jeesuksen eteen kotona halvaantuneena makaavan palvelijansa tähden. Hän sanoi Jeesukselle: *"Sano ainoastaan sana, niin minun palvelijani paranee"* (jae 8). Me tiedämme että tämän palvelija parantui samalla hetkellä kun Jeesus sanoi *"Mene. Niinkuin sinä uskot, niin sinulle tapahtukoon!"* (jae 13)

Jakeissa Mark. 1:40-42 spitaalinen mies saapui Jeesuksen eteen ja rukoili Häntä polvillaan: *"Jos tahdot, niin sinä voit minut puhdistaa"* (jae 40). Jeesus oli myötuntoinen tätä miestä kohtaan ja Hän kosketti tätä kädellään. *"Minä tahdon; puhdistu!"* (jae 41) Spitaali lähti tästä miehestä ja hän parantui.

Jumala sallii ihmisten saavan mitä tahansa he Häneltä Jeesuksen Kristuksen nimessä pyytävät. Jumala tahtoo myös kaikkien ihmisten uskovan Häneen, joka on luvannut vastata heidän rukouksiinsa, rukoilevan muuttumattomalla sydämellä periksiantamatta ja tulevan Hänen siunatuiksi lapsikseen.

2. Rukouksia joihin Jumala ei vastaa

Jumala panee merkille ihmisten sydämet ja vastaa heidän rukouksiinsa jos he uskovat ja rukoilevat Jumalan tahdon mukaisesti, elävät Hänen sanansa mukaan ja kuolevat vehnänjyväsen tavoin. Mistä sitten voi johtua että on olemassa ihmisiä jotka eivät voi saada Jumalalta vastauksia heidän rukouksistaan huolimatta? Raamatussa esiintyy useita ihmisiä jotka eivät saaneet Häneltä vastauksia siitä huolimatta että he rukoilivat. Meidän pitää oppia kuinka me voimme saada Häneltä vastauksia tutkimalla eri syitä siihen että ihmiset eivät aina saa Jumalta vastauksia.

Ensinnäkin, Jumala sanoo että Hän ei vastaa meidän rukoukseemme jos me rukoilemme synti sydämessä. Psalmi 66:18 sanoo: *"Jos minulla olisi vääryys sydämessäni, ei Herra minua kuulisi"*, ja Jesaja 59:1-2 muistuttaa: *"Katso, ei Herran käsi ole liian lyhyt auttamaan, eikä hänen korvansa kuuro kuulemaan: vaan teidän pahat tekonne erottavat teidät Jumalastanne, ja teidän syntinne peittävät teiltä hänen kasvonsa, niin ettei hän kuule."* Paholais-vihollinen sekaantuu rukoukseemme syntimme tähden ja niin rukouksemme vain lepattaa ilmassa saavuttamatta koskaan Jumalan valtaistuinta.

Toisekseen, Jumala ei vastaa meille jos me rukoilemme ollessamme veljiemme kanssa riidassa. Taivaallinen Isä ei anna meille anteeksi ellemme me anna veljillemme anteeksi sydämemme pohjasta (Matteus 18:35), ja niin meidän rukoustamme ei toimiteta perille eikä Jumala vastaa siihen.

Kolmanneksi, Jumala ei vastaa meidän rukoukseemme jos me rukoilemme tyydyttääksemme omat itsekkäät halumme. Hän ei vastaa meille jos me emme välitä Hänen kunniastaan vaan sen sijaan rukoilemme syntisen luonteemme mukaan ja käytämme kaiken mitä me Häneltä saamme tuottaaksemme itsellemme mielihyvää (Jaak. 4:2-3). Isä esimerkiksi antaa kuuliaiselle ja uutteralle tyttärelleen viikkorahaa aina kun tämä sitä pyytää. Jos tytär ei kuitenkaan välitä opiskelusta, hänen isänsä on joko epävarma rahan antamisen suhteen tai sitten murehtii että tämä tuhlaa kaiken vääriin asioihin. Samalla tavalla Jumala ei vastaa meille jos me pyydämme jotakin väärin motiivein lihallisen luonteen tyydyttämiseksi, sillä tämä voi johtaa siihen että me joudumme polulle joka johtaa tuhoon.

Neljänneksi, meidän ei pidä myöskään rukoilla tai itkeä epäjumalia palvovien ihmisten puolesta (Jeremia 11:10-11). Jumala vihaa epäjumalia kaikkea muuta enemmän, ja niin meidän pitää ainoastaan rukoilla heidän pelastumisensa puolesta. Mikä tahansa muu rukous tai pyyntö mikä on tehty heidän puolestaan tulee jäämään ilman vastausta.

Viidenneksi, Jumala ei vastaa rukoukseen joka on täynnä epäilystä, sillä me voimme saada Herralta vastauksia ainoastaan silloin kun me uskomme ilman epäilystä (Jaak. 1:6-7). Minä olen varma etä moni teistä on todistanut kuinka parantumattomat sairaudet ovat parantuneet ja mahdottomilta tuntuneet ongelmat ovat selvinneet kun ihmiset ovat pyytäneet Jumalaa apuun. Tämä johtuu siitä että Jumala on sanonut meille näin: *"Totisesti minä sanon teille: jos joku sanoisi tälle vuorelle: 'Kohoa ja heittäydy mereen', eikä epäilisi sydämessään, vaan uskoisi sen tapahtuvan, minkä hän sanoo, niin se hänelle tapahtuisi"* (Mark 11:23). Sinun tulee tietää että epäilyksiä täynnä oleva rukous ei voi tulla vastatuksi ja että ainoastaan Jumalan tahdon mukainen rukous tuo mukanaan vankan varmuuden tunteen.

Kuudenneksi, meidän rukouksemme ei tule vastatuksi jos me emme noudata Jumalan käskyjä. Raamattu sanoo että me voimme olla luottavaisia Jumalassa ja saada Häneltä kaiken mitä me pyydämme kun me noudatamme Hänen käskyjään ja toimimme Häntä miellyttävällä tavalla (1. Joh. 3:21-22). Sananlaskut 8:17 sanoo meille: *"Minä rakastan niitä, jotka minua rakastavat, ja jotka minua varhain etsivät, ne löytävät minut."* Rukous joka kuuluu ihmiselle joka noudattaa Jumalan käskyjä rakkaudessaan Häntä kohti tulee varmasti vastatuksi (1. Joh. 5:3).

Seitsemänneksi, me emme voi saada Jumalalta vastauksia jos me emme ole kylväneet. Galatalaiskirje 6:7 sanoo: *"Älkää eksykö, Jumala ei salli itseänsä pilkata; sillä mitä ihminen kylvää, sitä hän myös niittää"* ja 2. Kor. 9:6 sanoo: *"Huomatkaa tämä: joka niukasti kylvää, se myös niukasti niittää, ja joka runsaasti kylvää, se myös runsaasti niittää."* Me emme voi korjata ilman kylvämistä. Rukousta kylvävän sielu kukoistaa. Jos hän kylvää uhreja, hän saa taloudellisia siunauksia, ja jos hän kylvää teoillaan, hän saa hyvän terveyden siunauksia. Eli sinun tulee kylvää sen mukaan mitä sinä haluat korjata ja sinun tulee kylvää asianmukaisesti voidaksesi saada Jumalalta vastauksia.

Yllämainittujen seikkojen lisäksi ihmisten rukoukset eivät tule vastatuiksi jos he eivät rukoile Jeesuksen Kristuksen nimessä tai jos he eivät rukoile sydämensä pohjasta tai he puhuvat rukouksessa tyhjiä. Aviomiehen ja vaimon välinen riita (1. Piet. 3:7) tai niskoittelu tekevät ihmiset ansaitsematomiksi Jumalan vastauksille.

Meidän tulee aina pitää mielessä että tämänkaltaiset tilanteet luovat muurin Jumalan ja meidän välille. Hän kääntää kasvonsa meistä pois eikä Hän vastaa meidän rukouksiimme. Tämän tähden meidän tulee ensiksi etsiä Jumalan kuningaskuntaa ja vanhurskautta, huutaa Häntä rukouksessa sydämemme tyydyttämiseksi ja saada aina vastauksia, ollen vakaita aina loppuun saakka vahvassa uskossa.

3. Rukousvastausten saamisen salaisuus

Kristillisen elämän alkuvaiheessa henkilöä verrataan lapseen. Tässä vaiheessa Jumala vastaa hänen rukouksiinsa saman tien. Henkilö ei tunne vielä aivan koko totuutta, ja niin Jumala vastaa hänelle kuin hän olisi maitoa itkevä vauva jos hän turvautuu edes siihen vähäiseen määrään Jumalan sanaa mitä hän tuntee. Tämä johdattaa tämän henkilön kohtaamaan Jumalan. Henkilön kuullessa ja ymmärtäessä totuutta hän kasvaa ulos tästä "imeväisvaiheesta" ja Jumala vastaa hänelle sen mukaan kuinka paljon hän elää totuuden mukaan. Henkilö ei voi saada Jumalalta vastauksia jos hän on kasvanut ulos tästä "lapsivaiheesta" hengellisesti mutta jatkaa silti syntien tekemistä elämättä sanan mukaan. Tästä eteenpäin hän saa nähdä Jumalan vastauksia sen mukaan kuinka paljon hän pyhittyy.

Joten jotta ihmiset jotka eivät ole saaneet Häneltä vastauksia voisivat saada niitä, heidän tulee ensiksi katua, kääntyä pois teoistaan ja alkaa elää kuuliaista elämää jossa he elävät Jumalan sanan mukaisesti. Asuessaan totuudessa sen jälkeen kun he ovat katuneet sydämensä korjaten he saavat Jumalalta ihmeellisiä siunauksia. Jobilla oli ainoastaan sellaista uskoa jonka hän oli säilönyt sydämeensä tietoutena, ja tämän tähden hän nurisi

Jumalaa vastaan kun hän kohtasi vaikeuksia ja koettelemuksia. Kohdattuaan Jumalan ja kaduttuaan syntejään sydämensä muuttaen Job antoi ystävilleen anteeksi ja eli Jumalan sanan mukaisesti. Jumala puolestaan siunasi Jobia kaksinkertaisesti aikaisempaan verrattuna (Job 42:5-10).

Joona löysi itsensä suuren kalan sisältä niskoiteltuaan Jumalan sanaa vastaan. Jumala kuitenkin antoi kalalle käskyn kun Joona rukoili, katui ja antoi kiitosta uskossaan rukoillen, jan niin kala oksensi Joonan kuivalle maalle (Joona 2:1-10).

Paholaisvihollinen tulee sinua kohti yhdestä suunnasta mutta pakenee seitsemään eri ilmansuuntaan kun me käännymme teoistamme, kadumme, elämme Isän tahdon mukaisesti, uskomme ja huudamme Häntä avuksemme. Luonnollisesti sairaudet, lapsia koskevat ongelmat ja muut taloudelliset ongelmat tulevat ratkaistuiksi. Vainoava aviomies muuttuu hyväksi ja lämpimäksi aviomieheksi ja Kristuksen aromia levittävät rauhaisa perhe tuottaa Jumalalle suurta kunniaa.

Meidän tulee tuottaa Jumalalle kunniaa todistamalla ilostamme jos me olemme kääntyneet teoistamme, katuneet ja saaneet Häneltä vastauksia rukouksiimme. Jumala ei saa ainoastaan kunniaa ja iloitse meistä vaan hän myös kysyy "Mitä minä antaisin sinulle?" kun me miellytämme Häntä ja tuotamme Hänelle kunniaa todistuksemme kautta.

Kuvittele, että äiti antaa pojalleen lahjan mutta poika ei vaikuta kiitolliselta tai edes ilmaise kiitollisuuttaan millään tavalla. Äiti ei kenties halua antaa hänelle mitään muuta. Äiti kuitenkin ilahtuu yhä enemmän jos poika on hyvin kiitollinen lahjasta ja miellyttää äitiään tällä tavalla. Tällöin äiti haluaa antaa pojalleen lisää lahjoja ja valmistautuu tähän asianmukaisella tavalla. Samalla tavalla me saamme Jumalalta yhä enemmän kun me annamme Hänelle kunniaa muistamalla että meidän Isämme Jumala iloitsee siitä että Hänen lapsensa saavat vastauksia rukouksiinsa. Näin Hän antaa meille yhä enemmän hyviä lahjoja kun me todistamme Hänen vastauksistaan.

Meidän tulee kaikkien pyytää Jumalan tahdon mukaisesti, näyttää Hänelle uskomme ja omistautuneisuutemme ja saada Häneltä kaiken mitä me pyydämme. Ihmisen näkökulmasta katsottuna uskomme ja omistautuneisuutemme näyttäminen saattaa vaikuttaa vaikealta. Meidän elämämme täyttyy kiitollisuudella ja ilolla ja on todellakin kaiken arvoista vasta tämän prosessin jälkeen kun me olemme heittäneet pois totuuden vastaiset painavat synnit, kohdistaneet silmämme ikuista taivasta kohden, saaneet vastauksia rukouksiimme ja keränneet palkkioita taivaalliseen kuningaskuntaan. Meidän elämämme tulevat olemaan yhä siunatumpia, sillä koettelemukset ja kärsimykset on ajettu pois ja me voimme tuntea kuinka Jumala ohjaa ja suojelee meitä.

Minä rukoilen Jeesuksen Kristuksen nimessä, että te kaikki pyytäisitte uskossa mitä te ikinä haluaisitte, kamppailisitte syntiä vastaan ja noudattaisitte Hänen käskyjään saadaksenne kaiken pyytämänne, miellyttääksenne Häntä kaikessa ja kirkastaaksenne Jumalaa suuresti!

Luku 2

Meidän pitää myös anoa

Niin te muistatte huonon vaelluksenne ja tekonne, jotka eivät olleet hyvät, ja teitä kyllästyttää oma itsenne rikostenne ja kauhistustenne tähden. En minä teidän tähtenne sitä tee, sanoo Herra, Herra: se olkoon teille tiettävä. Hävetkää ja tuntekaa häpeätä vaelluksenne tähden, te Israelin heimo. Näin sanoo Herra, Herra: Sinä päivänä, jona minä teidät puhdistan kaikista pahoista teoistanne, minä asutan kaupungit, ja rauniot rakennetaan jälleen, ja autiomaa viljellään, sen sijaan että se on ollut autiona jokaisen ohitsekulkijan silmäin edessä.Silloin sanotaan: 'Tästä maasta, joka oli autiona, on tullut kuin Eedenin puutarha; ja raunioina olleet, autiot ja maahan revityt kaupungit ovat varustettuja ja asuttuja.' Niin tulevat pakanakansat, joita on jäljellä teidän ympärillänne, tietämään, että minä, Herra, rakennan jälleen alasrevityn ja istutan aution: minä, Herra, olen puhunut, ja minä teen sen. Näin sanoo Herra, Herra: Vielä tätäkin annan Israelin heimon minulta anoa, että tekisin heille sen: minä lisään heille ihmisiä runsaasti kuin lammaslaumaa.

Hesekiel 36:31-37

Kautta Raamatun 66 kirjan Jumala, joka on sama eilen, tänään ja ikuisesti (Hepr. 13:8) todistaa että Hän on elävä ja että Hän tekee työtään meidän joukossamme. Jumala on uskollisesti näyttänyt todisteita työstään kaikille jotka ovat uskoneet Hänen sanaansa ja noudattaneet sitä sekä Vanhan testamentin akoina, Uuden testamentin aikoina että tänään.

Jumala on kaiken maailmankaikkeudessa olevan luoja sekä ihmiskunnan elämän, kuoleman, kirousten ja siunausten hallitsija. Hän on luvannut "siunata" meitä (4. Moos. 28:5-6) niin kauan kuin me uskomme ja noudatamme koko Hänen Raamattuun kirjattua Sanaansa. Mitä meiltä voisi puuttua ja mitä me emme voisi saada jos me todellakin uskomme tähän ihmeelliseen ja ihanaan tosiasiaan? 3. Moos. 23:19 sanoo: *"Ei Jumala ole ihminen, niin että hän valhettelisi, eikä ihmislapsi, että hän katuisi. Sanoisiko hän jotakin eikä sitä tekisi, puhuisiko jotakin eikä sitä täyttäisi?"* Lisäksi Jeesus lupasi meille Johanneksen luvussa 16:23 seuraavasti: *"Ja sinä päivänä te ette minulta mitään kysy. Totisesti, totisesti minä sanon teille: jos te anotte jotakin Isältä, on hän sen teille antava minun nimessäni."* Jumalan lapset ovat todellakin siunattuja.

Joten on vain luonnollista että Jumalan lapset elävät elämää jossa he saavat kaiken mitä he pyytävät ja antavat tästä kaiken kunnian taivaalliselle Isälle. Miksi suurin osa kristityistä ei sitten elä tämänkaltaista elämää? Tutkikaamme tämän luvun alussa olevan jakeen avulla kuinka me voimme aina saada Jumalalta vastauksia.

1. Jumala on puhunut ja Hän pitää lupauksesa mutta meidän pitää myös anoa

Jumalan valittuna kansana Israel on saanut runsaasti siunauksia. Heille luvattiin että jos he noudattaisivat ja seuraisivat Jumalan sanaa, Hän asettaisi heidät kaikkia kansoja korkeammalle, antaisi heitä vastaan nousevien vihollisten langeta hedän edessään ja siunaisi kaikkea mitä he tekisivät (4. Moos. 28:1; 7-8). Israelilaiset kokivat näitä siunauksia noudattaessaan Jumalan sanaa mutta tehdessään vääryyttä ja palvoessaan epäjumalia he joutuivat vangiksi ja heidän maansa tuhoutui Jumalan vihan tähden.

Tuolloin Jumala sanoi israelilaisille että Hän sallisi autioituneen maan tulla viljellyksi ja raunioituneiden paikkojen tulla uudelleenrakennetuksi jos he vain katuisivat ja kääntyisivät pahoista teoistaan. Lisäksi Jumala sanoi seuraavasti: *"Minä, Herra, olen puhunut, ja minä teen sen. Vielä tätäkin annan Israelin heimon minulta anoa, että tekisin heille sen"* (Hesekiel 36:36-37).

Miksi Jumala lupasi israelilaisille että Hän tulisi toimimaan mutta silti sanoi että heidän piti "anoa" Häntä?

Jumala tietää mitä me tarvitsemme ennen kuin me edes pyydämme Häneltä mitään (Matteus 6:8) mutta Hän on silti sanonut meille näin: *"Anokaa, niin teille annetaan...Sillä jokainen anova saa...kuinka paljoa ennemmin teidän Isänne, joka on taivaissa, antaa sitä, mikä hyvää on, niille, jotka sitä*

häneltä anovat!" (Matteus 7:7-11)
Tämän lisäksi Jumala on sanonut meille useaan otteeseen Raamatussa että meidän pitää huutaa Häntä ja pyytää saadaksemme vastauksia (Jeremia 33:3; Joh. 14:14). Tämän mukaan Jumalan sanaan aidosti uskovien Jumalan lasten tulee pyytää Jumalaa siitä huolimatta että Hän on luvannut toimivansa.

Me saamme vastauksia jos me uskomme ja noudatamme Jumalan sanaa kun Hän sanoo "Minä teen sen." Me emme kuitenkaan voi saada vastauksia jos me epäilemme tai koettelemme Jumalaa tai emme ole kiitollisia Hänelle valittaen koettelemusten ja vaikeuksien aikana. Tämä tarkoittaa siis että me emme usko Jumalan lupaukseen. Vaikka Jumala on sanonut "Minä teen sen", tämä lupaus voi tulla täytetyksi ainoastaan sitten kun me pidämme kiinni tästä lupauksesta rukousten ja tekojen avulla. Henkilön ei voida sanoa omaavan uskoa jos hän ei pyydä, vaan ainoastaan katsoo tätä lupausta ja sanoo: "Jumala on sanonut näin, joten se tulee täyttymään." Hän ei voi myöskään saada Jumalalta vastauksia sillä tällä lupauksella ei ole mitään tekoja seuranaan.

2. Meidän pitää anoa saadaksemme vastauksia Jumalalta

Ensinnäkin, sinun tulee rukoilla tuhotaksesi sinun ja Jumalan välillä seisovan muurin.

Daniel vietiin Babyloniaan vangiksi Jerusalemin

tuhoutumisen jälkeen. Täällä hän luki Jeremian profetian sisältävän kirjoituksen ja ymmärsi että Jerusalemin tuho kestäisi 70 vuotta. Daniel oppi että näiden 70 vuoden ajan Israel tulisi palvelemaan Babylonian kuningasta. Näiden 70 vuoden jälkeen Babylonian kuningas, hänen kuningaskuntansa sekä kaldealaisten maa tulisi kirotuksi ja tuhon alaiseksi heidän syntiensä tähden. Vaikka israelilaiset olivat tällöin vankeja Babyloniassa, tämä Jeremian profetia joka lupasi että he tulisivat olemaan itsenäisiä ja että he saisivat palata takaisin kotimaahansa 70 jälkeen oli suuri ilon ja helpotuksen lähde Danielille.

Daniel ei kuitenkaan jakanut tätä ilonaihetta muiden israelilaisten kanssa vaikka hän olisikin voinut tehdä tämän helposti. Tämän sijaan hän vannoi anovansa Jumalaa rukoillen ja paastoten, säkkiin ja tuhkaan verhoutuneena. Hän myös katui sitä että hän ja Israel olivat tehneet syntiä, vääriä tekoja, olleet kavalia, kapinoineet ja kääntyneet pois Jumalan käskyistä ja laeista (Daniel 9:3-19).

Jumala ei ollut paljastanut profeetta Jeremian kautta kuinka Israelin orjuus Babyloniassa tulisi päättymään. Hän vain profetoi että tämä vankeus päättyisi seitsemän vuosikymmenen jälkeen. Daniel tunsi hengellisen maailman lain ja hän oli hyvin tietoinen siitä että ennen kuin Jumalan sana tulisi täyttymään Hänen ja Israelin välillä seisovan synnin muurin olisi murruttava. Näin Daniel osoitti uskonsa teoillaan. Daniel paastosi ja katui sekä itsensä että muiden israelilaisten puolesta sitä että he olivat tehneet vääryyttä Jumalaa vastaan ja tulleet siten kirotuksi, ja Jumala tuhosi tämän muurin, vastasi Danielille, antoi israelilaisille "seitsemänkymmentä 'seitsemää' (viikkoa)" ja paljasti hänelle muita salaisuuksia.

Tullessamme Isän sanan mukaan anoviksi Jumalan lapsiksi meidän tulee ymmärtää että synnin muurin tuhoamisen tulee edeltää vastausten saamista rukouksiimme. Täten tämän muurin tuhoamisen tulee olla meille ensisijaisen tärkeää.

Toisekseen, meidän pitää rukoilla uskossa ja kuuliaisuudessa.
Exodus 3:6-8 kertoo Jumalan lupauksesta Israelin kansalle, joka tähän aikaan eli orjuudessa Egyptissä. Hän sanoi että Hän johdattaisi heidät ulos Egyptistä Kanaaniin, virtaavan maidon ja hunajan maahan. Kanaan on maa jonka Jumala lupasi israelilaisille (Exodus 6:8). Hän lupasi antaa tämän maan heidän jälkeläisilleen ja käski heitä menemään sinne (Exodus 33:1-3). Luvatussa maassa Jumala käski Israelia tuhoamaan kaikki siellä olevat epäjumalat ja Hän varoitti heitä tekemästä liittoa siellä jo elävien kansojen ja heidän jumaliensa kanssa jotteivat israelilaiset loisi paulaa heidän ja heidän Jumalansa välille. Tämä oli lupaus Jumalalta joka aina täyttää mitä Hän on luvannut. Miksi israelilaiset eivät sitten päässeet Kanaaniin?

Epäuskossaan Jumalaa ja Hänen valtaansa kohtaan Israelin kansa nurisi (3. Moos. 14:1-3) ja niskoitteli Häntä vastaan. Täten he eivät saaneet astua Kanaanin maahan vaikka he olivat aivan sen porteilla (3. Moos. 14:21-23; Hepr. 3:18-19). Joten vaikka Jumala oli luvannut Kanaanin maan israelilaisille tämä lupaus ei hyödyttänyt heitä lainkaan jos he eivät uskoneet Häneen ja olleet

Hänelle kuuliaisia. Jos he olisivat uskoneet ja olleet Hänelle kuuliaisia tämä lupaus olisi varmasti tullut täytetyksi. Lopulta ainoastaan Jumalan sanaan uskovat Joosua ja Kaaleb pääsivät Kanaanin maahan yhdessä muiden Israelin jälkeläisten kanssa (Joosua 14:6-12). Meidän tulee muistaa Israelin historian avulla että me voimme saada Jumalalta vastauksia ainoastaan jos me anomme Häneltä Hänen lupaukseensa luottaen ja kuuliaisena, saaden Häneltä vastauksia anomalla Häntä uskossa.

Koska israelilaiset eivät uskoneet Jumalan voimaan edes Mooses ei saanut astua Luvattuun maahan vaikka hän varmasti uskoikin Jumalan lupaukseen Kanaanin maasta. Ajoittain Jumalan teot tapahtuvat vastauksena yhden ainoan ihmisen uskoon mutta joskus toisinaan Hän vastaa vasta sitten kun kaikki asianomaiset omaavat tarpeeksi uskoa Hänen tekoihinsa. Jumala edellytti kaikkien israelilaisten, ei vain Mooseksen, omaavan tarpeeksi uskoa ennen kuin Hän päästi heidät Kanaanin maahan. Hän ei kuitenkaan löytänyt tämänkaltaista uskoa Israelin kansa joukosta ja niin Hän ei sallinut heidän astuvan Kanaanin maahan. Meidän tulee muistaa että kun Jumala haluaa kaikkien asianomaisten omaavan uskoa eikä vain yksittäisten ihmisten, kaikkien tulee rukoilla uskossa Hänelle kuuliaisena ja tulla sydämessään yhdeksi voidakseen saada Häneltä vastauksia.

Kun 12 vuotta verenvuodosta kärsinyt nainen parantui kosketettuaan Jeesuksen vaatetta Hän kysyi: *"Kuka koski minun vaatettani?"* ja antoi naisen todistaa kaikkien paikalle kerääntyneiden ihmisten edessä (Mark. 5:23-34).

Henkilön todistaessa omassa elämässään tapahtuneista Jumalan töistä tämä auttaa muita kasvamaan omassa uskossaan ja antaa heille voimaa muuttaa itsensä rukouksen henkilöksi joka anoo ja saa Jumalalta vastauksia. Vastausten saaminen Jumalalta uskon avulla auttaa ei-uskovia omaamaan uskoa ja kohtaamaan elävän Jumalan, ja tämä on todellakin ihmeellinen tapa tuottaa Hänelle kunniaa.

Uskomalla ja noudattamalla Raamatusta löytyvää siunauksen sanaa ja muistamalla että meidän pitää myös anoa Jumalalta siitä huolimatta että Hän on luvannut meille: *"Minä, Herra, olen puhunut, ja minä teen sen"*, me voimme aina saada Häneltä vastauksia, tulla Hänen siunatuiksi lapsikseen ja kirkastaa Häntä sydämemme pohjasta.

Luku 3

Jumalan vastauksia koskeva hengellisen maailman laki

Ja hän meni ulos ja lähti tapansa mukaan Öljymäelle,
ja hänen opetuslapsensa seurasivat häntä.
Ja tultuaan siihen paikkaan hän sanoi heille:
'Rukoilkaa, ettette joutuisi kiusaukseen.'
Ja hän vetäytyi heistä noin kivenheiton päähän,
laskeutui polvilleen ja rukoili sanoen: 'Isä, jos sinä tahdot,
niin ota pois minulta tämä malja;
älköön kuitenkaan tapahtuko minun tahtoni, vaan sinun.'
Niin hänelle ilmestyi taivaasta enkeli, joka vahvisti häntä.
Ja kun hän oli suuressa tuskassa, rukoili hän yhä hartaammin.
Ja hänen hikensä oli niinkuin veripisarat,
jotka putosivat maahan.
Ja kun hän nousi rukoilemasta ja meni opetuslastensa tykö,
tapasi hän heidät murheen tähden nukkumasta.
Niin hän sanoi heille: 'Miksi te nukutte?
Nouskaa ja rukoilkaa, ettette joutuisi kiusaukseen.'

Luukas 22:39-46

Jumalan lapset saavat osakseen pelastuksen ja oikeuden saada Jumalalta mitä he ikinä pyytävät rukouksessa. Tämän tähden Matteus 21:22 sanoo: *"Ja kaiken, mitä te anotte rukouksessa, uskoen, te saatte."*

Useat ihmiset kuitenkin ihmettelevät miksi he eivät saa Jumalalta vastauksia rukouksen jälkeen ja he epäilevät onko heidän rukoustaan edes toimitettu Jumalalle tai onko Jumala edes kuunnellut heidän rukoustaan.

Ollessamme matkalla johonkin tiettyyn määränpäähän meidän tulee tietää minkälaista ajoneuvoa käyttää ja mikä on oikea reitti voidaksemme päästä maaliin hankaluuksitta. Samalla tavalla me voimme saada Jumalalta nopeita vastauksia vasta sitten kun me olemme tietoisia siitä mikä on oikea tapa rukoilla. Rukous itsessään ei takaa Jumalan vastauksia. Meidän täytyy oppia hengellisen maailman lait mitkä koskevat Hänen vastauksiaan ja sitten rukoilla tämän lain mukaisesti.

Tutkiskelkaamme seuraavaksi Jumalan vastauksia koskevaa hengellisen maailman lakeja ja niiden välistä suhdetta Jumalan seitsemän Hengen kanssa.

1. Jumalan vastauksia koskeva hengellisen maailman laki

Rukous on sitä että me pyydämme kaikkivaltiaalta Jumalalta asioita joita me haluamme ja tarvitsemme, ja niin me voimme saada Hänen vastauksiaan ainoastaan kun me pyydämme

Häneltä hengellisen maailman lakien mukaisesti. Mikään määrä ajatuksiin, keinoihin, maineeseen tai tietouteen perustuvaa ihmisyritystä ei voi koskaan tuottaa Jumalan vastauksia.

Jumala on vanhurskas Tuomari (Psalmi 7:11) joka kuulee meidän rukouksemme ja vastaa niihin, ja tämän tähden Hän vaatii meiltä sopivan summan vastaustensa vasteeksi. Jumalan vastauksia rukouksiimme voidaan verrata lihan ostamiseen lihakauppiaalta. Jos lihakauppiasta verrataan Jumalaan, niin hänen käyttämänsä vaaka on väline jolla Jumala punnitsee hengellisen maailman lakeihin perustuen saako henkilö vastauksen rukoukseensa vai ei.

Kuvittele, että me menemme lihakauppiaalle ostaaksemme kilon lihaa. Me pyydämme kauppiaalta tarvittavan määrän lihaa ja hän asettaa lihan vaa'alle nähdäkseen onko hän kerännyt tarpeeksi suuren määrän lihaa. Jos punnittava määrä on kilon verran, hän saa meiltä tarvittavan summan kilon maksamiseksi ja käärii lihan pakettiin ja antaa sen meille.

Samalla tavalla kun Jumala vastaa meidän rukouksiimme Hän saa meiltä aina jotakin mikä johtaa Hänen vastaukseensa. Tämä on Jumalan vastauksia koskeva hengellisen maailman laki.

Jumala kuulee meidän rukouksemme, ottaa meiltä vastaan jotakin tarpeeksi arvokasta ja sitten vastaa meille. On merkki siitä, että henkilö ei ole vielä tarjonnut Jumalalle Hänen vastaustaan vastaavaa asiaa jos hän ei ole saanut Häneltä vastausta rukoukseensa. Jumalalle tarjottavan hinnan määrä riippuu siitä mitä me olemme rukoilleet, ja niin henkilön täytyy rukoilla kunnes tarvittava määrä uskoa vastauksen saamiseksi on tullut kootuksi. Jumala kyllä tietää tarkasti kuinka suuri määrä uskoa tarvitaan rukoukseemme vastaamiseksi vaikka me emme sitä itse tiedäkään. Meidän tulee siis kiinnittää tarkasti huomiota Pyhään Henkeen ja pyytää Jumalalta tiettyjä asioita paastoten ja tiettyjä asioita yöllisten rukousten, kyyneleiden tai kiitosuhrien avulla. Nämä teot keräävät yhteen Jumalan vastaukseen tarvittavan summan Hänen antaessa meille uskon jonka avulla me voimme uskoa ja siunatessa meitä vastauksillaan.

Kaksi ihmistä voi istua vieretysten ja rukoilla yhdessä ja toinen heistä voi saada Jumalalta vastauksia saman tien kun taas toinen ei saa Häneltä mitään vastaukseksi vaikka hän on rukoillut yhtä paljon. Miten me voimme selittää nämä eri lopputulokset?

Jumala on viisas ja Hän tekee suunnitelmansa etukäteen, ja niin jos Jumala julistaa että henkilö omaa sydämen joka jatkaa rukousta aina loppuun saakka, Hän vastaa tämän henkilön rukoukseen saman tien. Jos joku ei kuitenkaan saa vastausta ajankohtaiseen ongelmaan, tämä johtuu siitä että hän ei ole antanut Jumalalle Hänen vastaustaan vastaavaa maksua. Vannoessamme rukoilevamme tietyn ajan meidän tulee ymmärtää että Jumala on johdattanut meidän sydäntämme saadaksemme Hänen vastaustaan vastaavan määrän rukousta. Tästä johtuen me emme saa Jumalalta vastausta jos me emme saavuta tätä määrää.

Sanotaan, esimerkiksi, että mies rukoilee hänen tulevan puolisonsa puolesta. Tällöin Jumala etsii hänelle sopivan morsiamen ja tekee työtä niin että Hän voi tehdä kaikessa työtä miehen puolesta. Tämä ei tarkoita sitä että tämä morsian ilmestyy miehen eteen vaikka hän ei ole vielä tarpeeksi vanha menemään naimisiin ainoastaan sen tähden että mies on rukoillut hänen puolesta. Jumala vastaa niille jotka uskovat jo saaneensa Hänen vastauksensa, ja tämän tähden Hän paljastaa työnsä heille oikean hetken koittaessa. Mikään määrä rukousta ei kuitenkaan voi saada Jumalaa vastaamaan jos henkilön rukous ei ole Hänen tahtonsa mukaista. Jumala ei vastaa miehelle joka rukoilee tulevan vaimonsa ulkoisten piirteiden kuten koulutustaustan, ulkomuodon, vaurauden, maineen ja muiden vastaavien piirteiden puolesta, sillä toisin sanoen tämänkaltainen rukous on täynnä hänen mielessään muodostunutta ahneutta.

Kaksi henkilöä voi rukoilla Jumalaa saman ongelman puolesta mutta Jumalan vastaanottama määrä rukousta vaihtelee henkilöiden pyhittymisen asteen ja hänen uskon mittansa mukaan (Ilmestyskirja 5:8). Henkilö voi saada Jumalalta vastauksen kuukauden sisällä kun taas toinen saa vastauksensa yhden päivän sisällä.

Mitä suurempi Jumalan vastaus henkilön rukoukseen on, sitä suurempi hänen rukouksensa määrän tulee olla. Hengellisen maailman lakien mukaan suuri astia tulee suuremmin koetelluksi ja se ilmaantuu tästä kultaisena kun taas pienempää astiaa koetellaan köykäisemmin ja se on vain vähän Jumalan käyttämä. Joten kenenkään ei pidä arvostella ja sanoa: "Katso kaikkia hänen vaikeuksiaan hänen vanhurskaudestaan huolimatta!" ja tuottaa Jumalalle tällä tavalla pettymystä. Uskomme esi-isistä Moosesta koeteltiin 40 vuoden ajan ja Jaakobia 20 vuoden ajan, ja me tiedämme kuinka hyviä astioita heistä Jumalan silmissä tuli ja kuinka heitä käytettiin Hänen tarkoitusperiinsä heidän kestettyä koettelemuksensa. Mieti kuinka jalkapallon maajoukkueet kasataan yhteen ja kuinka niitä harjoitetaan. Pelaaja voi omata tarpeeksi paljon kykyjä päästäkseen joukkueen listalle mutta hän ei kuitenkaan voi edustaa maataan ennen kuin hän on uhrannut enemmän aikaa ja tarmoa harjoittelemiseen.

Meidän tulee koskettaa Jumalan sydäntä saadaksemme Häneltä vastauksia, oli pyytämämme vastaus sitten suuri tai pieni. Rukoillessamme saavamme Jumalalta mitä me ikinä pyydämme Hän on liikuttunut ja vastaa meille kun me annamme Hänelle sopivan määrän rukousta, puhdistamme sydämemme jottei meidän ja Jumalan välillä ole synnin muuria ja annamme Hänelle kiitoksemme, ilomme, uhrimme ja muuta vastaavaa uskomme merkiksi.

2. Hengellisen maailman lain ja seitsemän hengen välinen suhde

Me tutkimme aiemmin lihakauppiaasta ja hänen vaa'astaan kertovan vertauskuvan avulla kuinka hengellisen maailman lain mukaisesti Jumala mittaa jokaisen henkilön rukouksen määrän erehtymättä ja päättää sen mukaan onko tämä henkilö kerännyt tarvittavan määrän rukousta. Suurin osa ihmisistä arvostelee asioita ainoastaan sen mukaan mitä he pystyvät näkemään omilla silmillään kun taas Jumala arvioi tarkasti Jumalan seitsemän hengen avulla (Ilmestyskirja 5:6). Toisin sanoen, henkilö saa Jumalan vastauksen rukouksiinsa kun seitsemän henkeä julistavat hänen olevan sen arvoinen.

Mitä seitsemän henkeä sitten mittaavat?

Ensinnäkin, seitsemän henkeä mittaavat henkilön uskoa.
Usko jakaantuu 'hengelliseen uskoon' ja 'lihalliseen uskoon.' Seitsemän hengen mittaama usko ei ole uskoa tietoutena – lihallista uskoa – vaan hengellistä uskoa joka on elävää ja tekojen säestämää (Jaak. 2:22). Esimerkiksi Markuksen luvussa 9 on kohtaus jossa henkien riivaaman ja siten mykäksi muuttuneen lapsen isä saapuu Jeesuksen eteen (Mark. 9:17). Isä sanoi Jeesukselle: *"Minä uskon, auta minun epäuskoani!"* Tässä isä tunnusti lihallisen uskonsa, sanoen: "Minä uskon" ja pyysi sitten hengellistä uskoa, sanoen: "Auta minun epäuskoani." Jeesus vastasi isälle saman tien ja paransi pojan (Mark. 9:18-27).

On mahdotonta miellyttää Jumalaa ilman uskoa (Hepr. 11:6). Me voimme kuitenkin täyttää sydämemme mielihalut kun me miellytämme Häntä, ja niin me voimme saavuttaa sydämemme mielihalut Jumalaa miellyttävän uskon avulla. Joten on merkki siitä että meidän uskomme ei ole vielä valmis jos me emme saa Jumalalta vastauksia siitä huolimatta että Hän on sanonut meille että niin tulee tapahtumaan kuin mitä me uskomme.

Toisekseen, seitsemän henkeä mittaavat henkilön riemua.
1. Tessalonikalaiskirje 5:16 kehottaa meitä olemaan aina

riemumielin ja niin on siis Jumalan tahto että me olemme aina riemumielin. Sen sijaan että he olisivat riemuisia vaikeina aikoina, useat nykyajan kristityt huomaavat olevansa levottomia, pelon vallassa ja huolissaan. He voivat aina olla riemullisia jos he uskovat elävään Jumalaan koko sydämellään olivat he sitten minkälaisessa tilanteessa tahansa. He voivat riemuita palavassa toivossaan joka perustuu taivaan ikuiseen kuningaskuntaan, ei tähän maailmaan joka tulee päättymään lyhyen ajan kuluessa.

Kolmanneksi, seitsemän henkeä mittaavat henkilön rukousta.

Jumala kehottaa meitä rukoilemaan tauotta (1. Tess. 5:17) ja Hän lupaa antaa kaikille jotka Häneltä pyytävät (Mat. 7:7). Tämän tähden on vain selvää että me saamme Jumalalta mitä me olemme Häneltä rukouksessa pyytäneet. Jumalaa miellyttävä rukous tarkoittaa että rukoilusta on tullut meille tapa ja että me polvistumme maahan Jumalan tahdon mukaisesti. Tämänkaltaisen asenteen ja asennon kautta me kutsumme Jumalaa luonnollisesti koko sydämellämme ja meidän rukouksemme on uskon ja rakkauden rukous. Jumala tutkii tämänkaltaisen rukouksen. Meidän ei pidä rukoilla ainoastaan silloin kun me haluamme jotakin tai jokin on saanut meidät surulliseksi ja puhumme rukouksessa tyhjiä, vaan meidän on aina rukoiltava Jumalan tahdon mukaisesti (Luuk. 22:39-41).

Neljänneksi, seitsemän henkeä mittaavat henkilön kiitollisuutta.

Jumala on käskenyt meitä antamaan kaikessa kiitosta (1. Tess. 5:18), ja tämän tähden kaikkien uskossa olevian tulee luonnollisesti kiittää kaikesta koko sydämellään. Jumala on johdattanut meidät tuhon tieltä ikuisen elämän polulle, joten kuinka me voisimme olla olematta kiitollisia? Meidän tulee olla kiitollisia siitä että Jumala kohtaa Häntä vilpittömästä etsivät ja vastaa Häneltä anoville. Meidän pitää olla myös kiitollisia silloin kun me kohtaamme vaikeuksia tämän lyhyen maallisen elämämme aikana, sillä meidän toivomme lepää ikuisessa taivaassa.

Viidenneksi, seitsemän henkeä mittaavat pitääkö henkilö Jumalan käskyt.

1. Joh. 5:2 sanoo: *"Siitä me tiedämme, että rakastamme Jumalan lapsia, kun rakastamme Jumalaa ja noudatamme hänen käskyjänsä."* Jumala käskyt eivät ole meille taakaksi (1. Joh. 5:3). Säännöllisesti polvillaan rukoilevan ja Jumala kutsuvan henkilön rukous on hänen uskostaan kumpuavaa rakkautta. Hän rukoilee Jumalan sanan mukaisesti uskonsa sekä Jumalaa kohtaan tuntemansa rakkauden avulla.

Silti monet ihmiset valittavat siitä että Jumala ei vastaa heille heidän ollessa matkalla kohti länttä siitä huolimatta että Raamattu sanoo meille: "Mene itään." Heidän ei tarvitse tehdä mitään muuta kuin uskoa mitä Raamattu heille sanoo ja noudattaa sitä. Jumala kääntää kasvonsa heistä pois eikä vastaa heille sillä he ovat nopeita panemaan Jumalan sanan sivuun, arvioimaan kaikki tilanteet omien ajatustensa ja teorioidensa mukaisesti ja rukoilemaan omien etujensa puolesta. Kuvittele, että sinä olet sopinut tapaamisesta ystäväsi kanssa New Yorkin juna-asemalla mutta sitten päätät että sinä haluat sittenkin ottaa bussin New Yorkiin junan sijasta. Sinä et koskaan tapaa ystävääsi bussiasemalla odotit sinä sitten kuinka kauan tahansa. Sinä et voi sanoa olevasi kuuliainen Jumalalle jos sinä menet länteen vielä senkin jälkeen kun Jumala on käskenyt sinua menemään itään. On kuitenkin traagista ja sydäntäsärkevää nähdä kuinka moni kristitty omaa tällaista uskoa. Tämä ei ole uskoa eikä rakkautta. Jos me sanomme rakastavamme Jumalaa on vain luonnollista että me pidämme Hänen käskynsä (Joh. 14:15; Joh. 5:3).

Rakkaus Jumalaa kohtaan ajaa sielusi rukoilemaan yhä palavammin ja tunnollisemmin. Tämä puolestaan kantaa hedelmää sielujen pelastamisen ja evankelioinnin sekä Jumalan kuningaskunnan ja vanhurskauden saavuttamisen saralla. Sinun sielusi tulee kukoistamaan ja sinä saat rukouksen voiman. Sinä olet kiitollinen etkä väsy sillä sinä saat Jumalalta vastauksia ja sinä kirkastat Häntä koska sinä uskot että sinä tulet palkituksi kaiken tämän johdosta taivaassa. Joten on vain luonnollista että me noudatamme kymmentä käskyä, Raamatun 66 kirjan tiivistelmää, jos me tunnustamme uskovamme Jumalaan.

Kuudenneksi, seitsemän henkeä mittaavat henkilön uskollisuutta.

Jumala haluaa meidän olevan Hänelle uskollisia koko Hänen talossaan, ei vain eräissä tietyissä asioissa. 1. Korinttolaiskirje 4:2 sanoo lisäksi: *"Sitä tässä huoneenhaltijoilta ennen muuta vaaditaan, että heidät havaitaan uskollisiksi."* On siis sopivaa että henkilöt joilla on Jumalan antamia velvollisuuksia pyytävät että Hän vahvistaisi heitä jotta he voisivat olla kaikessa uskollisia ja antaisi heille uskollisia ihmisiä ympärilleen. Tämän lisäksi heidän tulee pyytää uskollisuutta kotona ja työpaikalla, ja pyrkiessään olemaan uskollisia kaikessa mitä he tekevät heidän tulee saavuttaa tämä uskollisuus totuudessa.

Seitsemänneksi ja viimeiseksi, seitsemän henkeä mittaavat henkilön rakkautta.

Jumala sanoo että ilman rakkautta me emme ole mitään muuta kuin "kilisevä kulkunen" vaikka me täyttäisimmekin kuusi edellä mainittua vaatimusta. Hän sanoo että uskon, toivon ja rakkauden joukosta kaikista suurin on rakkaus. Jeesus lisäksi täytti lain rakkaudella (Room. 13:10) ja Hänen lapsinaan on vain sopivaa että me rakastamme toisiamme.

Meidän pitää ensin täyttää tarvittavat vaatimukset seitsemän hengen vaatimusten mukaan ennen kuin me voimme saada Jumalalta vastauksia rukouksiimme. Tarkoittaako tämä sitten että tuoreet uskovat jotka eivät vielä tunne totuutta kunnolla eivät voi saada Jumalalta vastauksia?

Kuvittele, että lapsi joka ei osaa vielä puhua sanoo eräänä päivänä selvästi: "Äiti!" Häne vanhempansa olisivat hyvin ilostuneita ja antaisivat lapselleen mitä se ikinä haluaisi.

Samalla tavalla on olemassa erilaisia uskon tasoja, ja niin

seitsemän henkeä mittaavat niistä jokaisen ja vastaavat sen mukaisesti. Joten Jumala on liikuttunut ja Hän iloitsee kun Hän vastaa tuoreelle uskovalle kun tämä osoittaa edes hieman uskoa. Jumala on myös liikuttunut ja Hän iloitsee kun uskon toisella tai kolmannella tasolla olevat uskovat saavuttavat tätä vastaavan määrän uskoa. Eläessään Jumalan tahdon mukaisesti ja rukoillessaan Häntä yhä suuremmassa määrin miellyttävällä tavalla uskon neljännellä tai viidennellä tasolla olevat uskovat täyttävät seitsemän hengen silmissä kaikki vaatimukset ja saavat Jumalalta vastauksia nopeammin.

Eli mitä korkeammalta uskon tasolta henkilö itsensä löytää, eli mitä paremmin hän on tietoinen hengellisen maailman laeista ja elää niiden mukaan, sitä nopeammin hän saa Jumalalta vastauksia. Miksi tuoreet uskovat sitten saavat usein Jumalalta vastauksia muita nopeammin? Jumalalta saamansa armon tähden tuore uskova täyttyy Pyhällä Hengellä ja hän täyttää tarvittavat vaatimukset seitsemän hengen silmissä, saaden siten Jumalalta vastauksia nopeammin.

Astuessaan syvemmälle totuuteen hänestä tulee laiska ja niin hän vähitellen menettää alkurakkautensa hänen intohimonsa viiletessä, ja hänessä kehittyy negatiivisia piirteitä.

Palossamme Herraa kohtaan meidän tulee tulla kunnollisiksi seitsemän hengen silmissä elämällä palavasti totuudessa, ottaa vastaan Isältä kaiken mitä me Häneltä rukouksessa pyydämme ja elää siunattua elämää antaen Hänelle kaiken kunnian!

Luku 4

Tuhoa synnin muuri

Katso, ei Herran käsi ole liian lyhyt auttamaan,
eikä hänen korvansa kuuro kuulemaan:
vaan teidän pahat tekonne erottavat
teidät Jumalastanne,
ja teidän syntinne peittävät teiltä hänen kasvonsa,
niin ettei hän kuule.

Jesaja 59:1-2

Jumala sanoo lapsilleen Matteuksen jakeissa 7:7-8 seuraavasti: *"Anokaa, niin teille annetaan; etsikää, niin te löydätte; kolkuttakaa, niin teille avataan. Sillä jokainen anova saa, ja etsivä löytää, ja kolkuttavalle avataan"*, luvaten näin vastata heidän rukouksiinsa. Miksi monien ihmisten rukoukset jäävät kuitenkin ilman vastauksia Hänen lupauksestaan huolimatta?

Jumala ei kuule syntisten rukouksia vaan kääntää kasvonsa heistä. Hän ei myöskään voi vastata ihmisille jotka ovat rakentaneet synnin muurin itsensä ja Jumalan välille. Joten meidän tulee pitää ensisijaisen tärkeänä että me revimme alas synnin muurin joka tukkii meidän tiemme Jumalan luokse. Näin me voimme nauttia hyvästä terveydestä ja kaikki sujuu hyvin meidän sielumme kukoistaessa.

Minä kehotan teitä jokaista tulemaan Jumalan siunatuksi ja syntejään katuvaksi lapseksi tutkimalla eri tekijöitä jotka ovat edesauttaneet synnin muurin rakentamista. Jumalan lapsi joka repii synnin muurin alas saa kaiken mitä hän Jumalalta pyytää ja tuottaa siten Jumalalle kunniaa.

1. Tuhoa synnin muuri joka johtuu epäuskostasi Jumalaan kohtaan ja siitä että sinä et ole ottanyt Herraa vastaan Pelastajaksesi

Raamattu sanoo että on syntiä jos henkilö ei usko Jumalaan ja ota Jeesusta Kristusta vastaan elämäänsä Pelastajaksi (Joh. 16:9). Monet sanovat, että "Minä olen synnitön sillä minä olen elänyt hyvän elämän." He kuitenkin puhuvat tällä tavalla hengellisesti ymmärtämättömänä tuntematta synnin luonnetta. Jumalan sana ei ole heidän sydämessään ja niin nämä henkilöt eivät erota mikä on todellista hyvää ja mikä todellista pahaa, eivätkä he erota hyvää pahasta. Tuntematta vanhurskautta he voivat sanoa varauksetta olevansa hyviä jos maailmalliset mittapuut sanovat heille, että "sinä et ole paha." Ihminen voi uskoa että hänen elämänsä on saattanut olla vaikka kuinka hyvä, mutta kun hän katsoo elämäänsä Jumalan sanan kirkkaudessa sen jälkeen kun hän on ottanut Jeesuksen Kristuksen vastaan, hän huomaa että hänen elämänsä ei ole ollut lainkaan "hyvä." Tämä johtuu siitä että hän ymmärtää että hän ei ole uskonut Jumalaan tai ottanut Jeesusta Kristusta vastaan ja tämä on synneistä kaikista suurin. Jumala vastaa Jeesuksen Kristuksen hyväksyneiden ja Hänen lapsikseen tulleiden rukouksiin ja Hänen lapsillaan on oikeus saada Häneltä vastauksia rukouksiinsa Hänen lupauksensa mukaisesti.

Syy siihen että Jumalaan uskovat ja Kristuksen Pelastajakseen hyväksyneet Jumalan lapset eivät saa rukouksiinsa vastauksia on se, että he eivät huomaa heidän synneistään ja pahuudestaan kasvaneen muurin olemassaoloa heidän itsensä ja Jumalan välillä. Tämän tähden Jumala kääntää kasvonsa heistä pois eikä vastaa heidän rukouksiinsa vaikka he paastoavat ja rukoilevat koko yön.

2. Tuhoa toisia rakastamatta jättämisen synti

Jumala sanoo että on vain luonnollista että Hänen lapsensa

rakastavat lähimmäisiään (1. Joh. 4:11). Tämän lisäksi Hän sanoo että meidän tulee rakastaa jopa vihamiehiämmekin (Matt. 5:44) ja niin veljiemme vihaaminen rakastamisen sijaan on niskoittelua Jumalan sanaa vastaan ja siten syntiä.

Jeesus Kristus näytti meille rakkautensa tulemalla ristiinnaulituksi ihmiskunnan puolesta joka oli tuomittu syntiin ja pahuuteen. Tämän tähden on oikein että me rakastamme vanhempiamme, veljiämme ja lapsiamme. On kuitenkin suuri synti Jumalan edessä hautoa vihan ja kaunan kaltaisia pahoja tunteita toisia kohtaan. Jumala ei ole käskenyt meitä osoittamaan Hänelle samanlaista rakkautta kuin mitä Jeesus osoitti kuollessaan ristillä ihmiskunnan syntien lunastamiseksi, vaan Hän vain pyytää meitä muuttamaan muita kohtaan tuntemamme vihan anteeksiannoksi. Miksi tämä on sitten niin vaikeaa?

Jumala sanoo että jokainen veljeään vihaava on murhaaja (1. Joh. 3:15), ja että meidän Isämme kohtelee meitä samalla tavalla ellemme anna veljillemme anteeksi (Matt. 18:35). Hän myös kehottaa meitä olemaan huokailematta veljiämme vastaan jottei meitä tuomittaisi (Jaak. 5:9).

Pyhä Henki asuu meissä jokaisessa ristiinnaulitun Jeesuksen Kristuksen ansiosta joka lunasti meidät menneisyyden, nykyisyyden ja tulevaisuuden synneistämme, ja tämän tähden me voimme rakastaa jokaista kun me kadumme Hänen edessään, käännymme teoistamme ja saamme Häneltä anteeksiannon. Maailmalliset ihmiset eivät usko Jeesukseen Kristukseen ja siten he eivät saa omakseen anteeksiantoa vaikka he katuisivatkin tekojaan, ja niin he eivät pysty rakastamaan toisiaan ilman Pyhän Hengen ohjausta.

Sinun tulee omata sydän jolla seisoa totuudessa, ymmärtää ja antaa anteeksi ja rukoilla veljesi puolesta vaikka hän vihaisi sinua niin että sinusta ei itsestäsi tulisi syntistä. Vihaamalla veljeäsi rakastamisen sijaan sinä teet syntiä Jumalan edessä, menetät Pyhän Hengen täyteyden, ja muutut kurjaksi ja hölmöksi viettäen kaikki päiväsi surkutellen. Meidän ei myöskään pidä odottaa että Jumala vastaisi meidän rukouksiimme.

Me voimme rakastaa, ymmärtää ja antaa veljillemme anteeksi sekä saada Jumalalta mitä tahansa me pyydämme ainoastaan Pyhän Hengen avulla.

3. Jumalan käskyjä vastaan niskoittelun synnin muurin tuhoaminen

Luvussa Joh. 14:21 Jeesus sanoo meille: *"Jolla on minun käskyni ja joka ne pitää, hän on se, joka minua rakastaa; mutta joka minua rakastaa, häntä minun Isäni rakastaa, ja minä rakastan häntä ja ilmoitan itseni hänelle."* Tästä syystä 1. Joh. 3:21 sanoo meille näin: *"Rakkaani, jos sydämemme ei syytä meitä, niin meillä on uskallus Jumalaan."* Toisin sanoen, me emme voi saada Jumalalta vastauksia rukouksiimme jos Jumalan ja meidän välissämme on synnin muuri jonka me olemme luoneet niskoittelemalla Jumalan käskyjä vastaan. Jumalan lapset voivat pyytää Jumalalta mitä tahansa he ikinä haluavat luottavaisina ja saada mitä he ikinä haluavat ainoastaan silloin kun noudattavat Isänsä käskyjä ja toimivat tavalla joka miellyttää Häntä.

1. Joh. 3:24 muistuttaa meitä: *"Ja joka pitää hänen käskynsä, se pysyy Jumalassa ja Jumala hänessä. Ja siitä me tiedämme hänen meissä pysyvän, siitä Hengestä, jonka hän on meille antanut."* Kohta painottaa että henkilö voi saada kaiken mitä hän on pyytänyt ja elää kukoistavaa elämää vasta sitten kun Hän on antanut koko sydämensä Herralle täyttämällä sen totuudella ja elämällä Pyhän Hengen ohjauksessa.

Jos henkilön sydämessä on esimerkiksi sata huonetta ja hän antaa jokaisen näistä sadasta huoneesta Herralle, Hänen sielunsa tulee kukoistamaan ja hän tulee saamaan siunauksia joiden ansiosta kaikki hänen elämässään sujuu hyvin. Jos tämä sama henkilö kuitenkin antaisi vain viisikymmentä näistä sadasta huoneesta Herralle ja pitäisi loput omassa käytössään, hän ei voisi aina saada vastauksia sillä hän saa Pyhän Hengen ohjausta ainoastaan puolet ajasta kun taas puolet ajasta hän käyttää sydämensä huoneita pyytääkseen Jumalalta asioita omien ajatustensa ja himokkaiden, lihallisten himojen mukaisesti. Meidän Herramme asuu meissä jokaisessa, ja niin kun me kohtaamme esteitä Hän joko vahvistaa meitä joko ylittämään tai kiertämään niiden ympäri. Hän antaa meille keinon välttää vaikeuksia, tekee kaikessa puolestamme hyvää ja johdattaa meidät kukoistavaan elämään vaikka me kulkisimme kuoleman laaksossa.

Me elämme Jumalassa ja Hän elää meissä kun me

miellytämme Jumalaa noudattamalla Hänen käskyjään, ja me kirkastamme Häntä kun saamalla kaiken mitä me Häneltä rukouksessa pyydämme. Meidän tulee tuhota synnin muuri jonka me olemme luoneet niskoittelemalla Jumalan käskyjä vastaan ja alkaa noudattamaan niitä, tulla luottavaiseksi Jumalan edessä ja tuottaa Hänelle kunniaa saamalla kaiken mitä me pyydämme.

4. Halujesi tyydyttämiseksi rukoilemisen synnin muurin tuhoaminen

Jumala sanoo että meidän tulee tehdä kaikki elämässämme Hänen kunniakseen (1. Kor. 10:31). Me haluamme tyydyttää omat halumme ja lihalliset himomme jos me rukoilemme mitään muuta paitsi Hänen kunniaansa, ja niin me emme voi saada Jumalalta vastauksia pyyntöihimme (Jaak. 4:3).

Toisaalta sinä saat vastauksia Jumalalta jos sinä pyydät taloudellisia siunauksia Jumalan kuningaskunnan ja vanhurskauden, köyhien avustamisen tai sielujen pelastamisen edesauttamiseksi. Tämä johtuu siitä että sinä edesautat Jumalan kirkastamista. Jos sinä kuitenkin rukoilet saadaksesi taloudellisia siunauksia voidaksesi kehuskella veljellesi joka sanoo sinulle: "Kuinka on mahdollista että sinä olet köyhä vaikka sinä käyt kirkossa?" sinä itse asiassa rukoilet pahuuden mukaisesti tyydyttääksesi omia halujasi. Näin sinä et saa vastauksia rukouksiisi. Jopa tässä maailmassa lapsiaan aidosti rakastavat vanhemmat eivät anna heille 100 dollaria pelihallia varten. Samalla tavalla Jumala ei halua Hänen lastensa kulkevan väärää polkua ja tästä syystä Hän ei vastaa jokaiseen pyyntöön mitä Hänen lapsensa esittävät.

1. Joh. 5:14-15 sanoo: *"Ja tämä on se uskallus, joka meillä on häneen, että jos me jotakin anomme hänen tahtonsa mukaan, niin hän kuulee meitä. Ja jos me tiedämme hänen kuulevan meitä, mitä ikinä anommekin, niin tiedämme, että meillä myös on kaikki se, mitä olemme häneltä anoneet."* Me saamme Jumalalta kaiken mitä me rukouksessa pyydämme vasta sitten kun me hankkiudumme eroon haluistamme ja rukoilemme Hänen tahtonsa mukaisesti Hänen kunniakseen.

5. Tuhoa epäilevän rukouksen synnin muuri

Jumala on mielissään kun me osoitamme Hänelle meidän uskomme, sillä ilman uskoa meidän on mahdotonta miellyttää Jumalaa (Hepr. 11:6). Raamatussa on useita kohtia jossa Jumalan vastaukset löytävät tiensä ihmisille jotka ovat osoittaneet uskonsa Häntä kohtaan (Matt. 20:29-34; Mark. 5:22-43, 9:17-27, 10:46-52). Ihmiset jotka eivät osoittaneet uskoaan Jumalaa kohtaan tulivat torutuksi heidän "vähäisen uskonsa" tähden vaikka he olisivat olleet Jeesuksen opetuslapsia (Matt. 8:23-27). Jopa pakanatkin kuitenkin tulivat ylistetyksi jos he osoittivat suurta uskoa Jumalaa kohtaan (Matt. 15:28).

Jumala toruu ihmisiä jotka eivät pysty uskomaan vaan sen

sijaan epäilevät edes vähäsen (Mark. 9:16-29), ja Hän sanoo meille että meidän ei pidä luulla saavamme Herralta mitään jos me kannamme mielessämme edes hieman epäilystä rukoillessamme (Jaak. 1:6-7). Toisin sanoen, meidän ei pidä odottaa saavamme Jumalalta vastauksia vaikka me paastoaisimme ja rukoilisimme koko yön jos meidän rukouksemme on täynnä epäilyä.

Jumala muistuttaa meitä lisäksi näin: *"Totisesti minä sanon teille: jos joku sanoisi tälle vuorelle: 'Kohoa ja heittäydy mereen', eikä epäilisi sydämessään, vaan uskoisi sen tapahtuvan, minkä hän sanoo, niin se hänelle tapahtuisi. Sentähden minä sanon teille: kaikki, mitä te rukoilette ja anotte, uskokaa saaneenne, niin se on teille tuleva"* (Mark. 11:23-24).

Sillä *"Ei Jumala ole ihminen, niin että hän valhettelisi, eikä ihmislapsi, että hän katuisi. Sanoisiko hän jotakin eikä sitä tekisi, puhuisiko jotakin eikä sitä täyttäisi?"* (4. Moos. 23:19) Jumala lupasi että Hän vastaa kaikkien Häneen uskovien ja Hänen kunniaansa pyytävien rukouksiin. Jumalaa rakastavat ja uskoa omaavat uskovat ja etsivät Hänen kunniaansa, ja tämän tähden heitä kehotetaan pyytämään mitä he ikinä haluavat. He uskovat, anovat ja saavat vastauksia kaikkeen mitä he pyytävät, ja niin he voivat tuottaa Jumalalle kunniaa. Meidän tulee hankkiutua eroon epäilyksistä ja omata uskoa, anoa ja saada Jumalalta niin että me voimme kirkastaa Häntä sydämemme kyllyydestä.

6. Tuhoa Jumalan edessä kylvämättä jättämisen synnin muuri

Jumala on kaiken maailmankaikkeudessa olevan hallitsija ja Hän on säätänyt hengellisen maailman lain. Oikeudenmukaisena Tuomarina Hän ohjaa kaikkea hyvässä järjestyksessä.

Kuningas Darius ei voinut pelastaa rakasta Daniel-palvelijaansa leijonien luolasta sillä vaikka hän oli kuningas hän ei voinut niskoitella itse säätämäänsä lakia vastaan. Samalla tavalla Jumala ei voi rikkoa hengellisen maailman lakia jonka Hän on itse säätänyt, ja niin kaikki maailmankaikkeudessa sujuu Hänen valvonnassaan. Tämän tähden Jumalaa ei pidä pilkata ja Hän sallii ihmisten korjata mitä he ovat kylväneet (Galatalaiskirje 6:7). Rukousta kylvävät saavat hengellisiä siunauksia; aikaa kylvävät hyvän terveyden siunauksia. Jumala pitää uhreja kylvävät poissa vaikeuksista kotona, työpaikalla sekä liike-elämässä, ja Hän antaa heille yhä suurempia taloudellisia siunauksia.

Kylväessämme Jumalan edessä eri tavoin Hän vastaa meidän rukouksiimme ja antaa meille mitä tahansa me pyydämme. Kylvämällä palavasti Jumalan edessä me kannamme runsaasti hedelmää ja saamme Häneltä mitä tahansa me pyydämme Häneltä rukouksessa.

Yllä mainittujen kuuden synnin muurin lisäksi "synti" pitää sisällään sellaisia haluja ja lihan tekoja kuin epähurskaus, kateus, raivo ja viha, sekä sen että me emme taistele syntiä vastaan aina veren vuodattamiseen saakka tai ole tarpeeksi intohimoisia Jumalan kuningaskunnan puolesta. Oppimalla ja ymmärtämällä mitkä eri tekijät muodostavat synnin muurin meidän ja Jumalan välille me voimme tuhota tämän muurin ja saada aina vastauksia Jumalalta tuottaen Hänelle näin kunniaa. Meistä kaikista tulee tulla uskovia jotka nauttivat hyvästä terveydestä ja joiden elämässä kaikki sujuu hyvin meidän sielujemme kukoistaessa.

Me olemme tutkineet Jesajan jakeissa 59:1-2 olevan Jumalan sanan avulla eri tekijöitä jotka muodostavat muurin Jumalan ja meidän välillemme. Minä rukoilen Jeesuksen Kristuksen nimessä, että voisimme kaikki tulla Jumalan siunatuiksi lapsiksi jotka ymmärtävät tämän muurin luonteen ja nauttivat hyvästä terveydestä. Tällöin kaikki meidän elämässämme sujuu hyvin meidän sielumme kukoistaessa, ja me kirkastamme taivaallista Isää saamalla kaiken mitä me Häneltä rukouksessa pyydämme.

Luku 5

Sinö korjaat mitä sinä olet kylvänyt

Huomatkaa tämä:
joka niukasti kylvää, se myös niukasti niittää,
ja joka runsaasti kylvää, se myös runsaasti niittää.
Antakoon kukin, niinkuin hänen sydämensä vaatii,
ei surkeillen eikä pakosta;
sillä iloista antajaa Jumala rakastaa.

2. Kor. 9:6-7

Joka syksy me näemme kuinka kypsät riisikasvit aaltoilevat kultaisena pelloilla. Me tiedämme että maanviljelijät ovat uhranneet paljon työtä ja aikaa siementen istuttamiseen, peltojen lannoittamisen ja kasvien hoitamiseen kevään ja kesän aikana ennen kuin tämä riisi voidaan korjata.

Suuren pellon omistava ja suuremman määrän siemeniä kylvävän maanviljelijän täytyy tehdä enemmän työtä kuin pienemmän määrän siemeniä kylvävän maanviljelijän. Hän kuitenkin tekee työtä tunnollisesti ja ahkerasti, sillä hän toivoo korjaavansa suuren sadon. Luonnonlaki sanoo, että "me korjaamme mitä me olemme kylväneet", ja samalla tavalla meidän tulee tietää että Jumalan, joka on hengellisen maailman Omistaja, laki seuraa samaa kaavaa.

Osa nykyajan kristityistä pyytää Jumalaa jatkuvasti tyydyttämään omat halunsa ilman että he ovat kylväneet yhtään mitään, kun taas toiset valittavat siitä että Hän ei ole vastannut heille runsaasta rukoilusta huolimatta. Jumala haluaa antaa lapsilleen ylitsevuotavia siunauksia ja vastauksia kaikkiin heidän ongelmiinsa mutta tästä huolimatta ihmiset eivät aina ymmärrä kylvämisen ja korjaamisen lakia eivätkä he täten saa mitä he Jumalalta ovat pyytäneet.

Luonnonlaki sanoo, että "Me korjaamme mitä me olemme kylväneet." Tämä mielessä meidän tulee ottaa selville mitä meidän pitää kylvää ja kuinka meidän tulee tämä tehdä voidaksemme aina saada Jumalalta vastauksia ja tuottaa Hänelle kunniaa varauksetta.

1. Pelto pitää ensin kylvää

Ennen kuin maanviljelijä kylvää siemeniä hän kyntää ensin peltonsa. Hän raivaa kivet, tasoittaa maan ja luo sellaisen ympäristön ja olosuhteet missä siemenet voivat kasvaa hyvin. Maanviljelijän omistautuneisuuden ja vaivannäön mukaisesti jopa karu maa voi muuttua hedelmälliseksi maaperäksi.

Raamattu vertaa ihmisen sydäntä maaperään ja jakaa ne neljään eri luokkaan (Matt. 13:3-9).

Ensimmäinen maaperä on "tien pengertä."

Tien ohessa oleva maaperä on kovaa. Tämänkaltaisen sydämen omaava henkilö käy kyllä kirkossa mutta ei kuitenkaan avaa ovea sydämeensä edes sen jälkeen kun hän on kuullut sanaa. Tämän tähden hän ei pysty tuntemaan Jumalaa eikä hänestä tule uskon puutteensa tähden valaistunutta.

Toinen maaperä on "kallioperää."

Versot eivät voi kasvaa kunnolla kallioperässä pellossa olevien kivien tähden. Tämänkaltaisen sydämen omaava henkilö tuntee sanan pelkkänä tietoutensa ja eikä hänen uskonsa ole tekojen säestämää. Hänellä ei ole uskon varmuutta ja niin hän lankeaa nopeasti koettelemusten ja kärsimysten aikana.

Toinen maaperä on "orjantappuraa."

Orjantappuraisen maaperän okaiset tappurat kasvavat ylöspäin ja tukahduttavat maaperässä olevat kasvit, estäen näin hyvien hedelmien korjaamisen. Tämänkaltaisen sydämen omaava henkilö uskoo Jumalan sanaan ja yrittää elää sen mukaan. Hän ei kuitenkaan toimi Jumalan tahdon mukaisesti vaan lihallisten halujen mukaisesti. Hänen sydämeensä kylvetyn sanan kasvu on omaisuuden ja taloudellisen voiton kiusausten tai tämän maailman huolten tukahduttamaa. Näin hän ei voi kantaa hedelmää. Siitä huolimatta että hän rukoilee, hän ei pysty luottamaan "näkymättömään" Jumalaa ja niin hänen omat ajatuksensa ja tapansa tulevat nopeasti esiin. Tämä tarkoittaa sitä että hän ei pysty kokemaan Jumalan voimaa sillä Hän pystyy vain seuraamaan tällaista henkilöä kaukaa.

Neljäs maaperä on "hyvää maata."

Uskova, jonka sydän on tätä hyvää maaperää sanoo vain "Aamen" kaikkeen mikä on Jumalan sana ja noudattaa sitä uskoen tuomatta esiin omia ajatuksia tai tekemättä omia laskelmiaan. Hyvään maaperään kylvetyt siemenet kasvavat hyvin ja kantavat hedelmää 100-, 60- tai 30-kertaisesti kylvettyyn verrattuna.

Jeesus sanoi vain "Aamen" ja oli uskollinen Jumalan sanalle (Fil. 2:5-8). Samalla tavalla hyvää maaperää sydämessään kantava henkilö on ehdottomasti uskollinen Jumalan sanalle ja elää sen mukaan. Hän riemuitsee aina kaikissa olosuhteissa jos Hänen sanansa kehottaa häntä olemaan aina riemullinen. Hän rukoilee lakkaamatta jos Hänen sanansa kehottaa häntä rukoilemaan jatkuvasti. "Hyvää maaperää" sydämessään kantava henkilö voi kommunikoida aina Jumalan kanssa, saada mitä tahansa hän

Jumalalta pyytää ja elää Hänen tahtonsa mukaan.

Me voimme aina muuttaa maaperän hedelmälliseksi maaperäksi oli meidän sydämemme verrattavissa sitten minkälaiseen maaperään tahansa. Me voimme kylvää kivisen pellon ja nostaa kivet, raivata orjantappurat ja lannoittaa maan.

Kuinka me voimme sitten jalostaa sydämemme "hyväksi maaperäksi?"

Ensinnäkin, meidän tulee palvoa Jumalaa hengessä ja totuudessa.

Meidän pitää antaa Jumalalle koko mielemme, tahtomme, omistautuneisuutemme ja voimamme, sekä uhrata Hänelle rakkaudessamme sydämemme. Vasta tällöin meidät pidetään turvassa turhilta ajatuksilta, uupumukselta ja uneliaisuudelta, ja me voimme muuttaa sydämemme hyväksi maaperäksi ylhäältä tulevan voiman avulla.

Toisekseen, meidän pitää hankkiutua eroon synneistämme aina veren vuodattamiseen saakka.

Meidän sydämemme muuttuu hiljalleen hyväksi maaperäksi kun me noudatamme Jumalan sanaa sen kokonaisuudessaa, mukaanlukien kaikki "Tee näin"-ja "Älä tee näin"-käskyt. Vain palava rukous voi muuttaa sydämemme hyväksi maaperäksi kun esimerkiksi kateus, mustasukkaisuus, viha ja muu vastaava tulevat esiin.

Mitä enemmän me tutkiskelemme sydämemme maaperää ja jalostamme sitä tunnollisesti, sitä enemmän meidän uskomme kasvaa ja kaikki meidän asiamme sujuvat hyvin. Meidän tulee jalostaa maaperäämme tunnollisesti sillä mitä enemmän me elämme Jumalan sanan mukaisesti, sitä enemmän meidän hengellinen uskomme kasvaa. Mitä enemmän meidän hengellinen uskomme kasvaa, sitä enemmän "hyvää maaperää" me voimme omata. Tämän tähden meidän tulee jalostaa maaperäämme yhä tunnollisemmin.

2. Eri siemenien pitää tulla kylvetyksi

Saatuaan maan muokatuksi maanviljelijä alkaa kylvää siemeniä. Samalla tavalla kuin me syömme erilaisia ruoka-aineita terveytemme ylläpitämiseksi maanviljelijä istuttaa erilaisia siemeniä, kuten esimerkiksi riisiä, vehnää, kasviksia, papuja ja muita vastaavia.

Meidän tulee kylvää Jumalan edessä useita eri asioita. "Kylväminen" viittaa hengellisesti siihen että me olemme kuuliaisia niille Jumalan käskyille jotka sanovat "Tee näin." Me voimme esimerkiksi kylvää aina taivaalliseen toivoon perustuvan riemun avulla jos Jumala kehottaa meitä olemaan aina riemuitsevia, ja tämä riemu ilahduttaa Jumalaa ja Hän antaa meille mitä meidän sydämemme halajavat (Psalmi 37:4). Jos Hän sanoo meille: "Saarnaa evankeliumia", meidän tulee levittää tunnollisesti Hänen sanaansa. Jos Hän sanoo "Rakastakaa toisianne", "Olkaa uskollisia", "Olkaa kiitollisia" tai "Rukoilkaa", meidän tulee tehdä tunnollisesti niinkuin meille on sanottu.

Myös Jumalan sanan mukaan eläminen ja sellaisten tekojen tekeminen kuin kymmenysten antaminen ja sapatin pyhittäminen ovat Hänen edessään kylvämisen tekoja, ja tämän johdosta me näemme kuinka kylvämämme teot versovat, kasvavat, puhkeavat kukkaan ja kantavat runsaasti hedelmää.

Jumala ei hyväksy työtämme jos me kylvämme säästäväisesti, vastentahtoisesti tai pakon alla. Maanviljelijä kylvää siemenensä toivoen saavansa syksyllä runsaan sadon, ja samalla tavalla meidän tulee uskon avulla uskoa Jumalaan ja kiinnittää katseemme Häneen joka siunaa meitä 100-, 60-, tai 30-kertaisesti.

Hepr. 11:6 sanoo: *"Mutta ilman uskoa on mahdoton olla otollinen; sillä sen, joka Jumalan tykö tulee, täytyy uskoa, että Jumala on ja että hän palkitsee ne, jotka häntä etsivät."*
Me voimme korjata runsaan sadon tässä maailmassa ja säilöä palkintomme taivaaseen kun me katsomme meitä palkitsevaan Jumalaan ja kylvämme Hänen edessään.

3. Maaperää täytyy työstää periksiantamattomasti ja omistautuneesti

Kylvettyään siemenet maanviljelijä työstää peltoaan hyvin huolellisesti. Hän kastelee kasveja, kitkee rikkaruohot ja pyydystää tuholaisia. Ilman hänen periksiantamatonta työtään kasvit kyllä versoisivat mutta sitten kuolisivat hedelmää kantamatta.

Hengellisesti "vesi" symboloi Jumalan sanaa. Jeesus sanoo meille Johanneksen jakeessa 4:14 näin: *"Mutta joka juo sitä vettä, jota minä hänelle annan, se ei ikinä janoa; vaan se vesi, jonka minä hänelle annan, tulee hänessä sen veden lähteeksi, joka kumpuaa iankaikkiseen elämään."* Vesi siis symboloi ikuista elämää ja totuutta. "Tuholaisten pyydystäminen" tarkoittaa sydämeemme istutetun Jumalan sanan vartioimista paholais-vihollista vastaan. Palveluksen, ylistyksen ja rukouksen kautta meidän sydämemme täyteys voi säilyä vaikka paholaisvihollinen saapuisi häiritsemään peltotyötämme.

"Rikkaruohojen kitkeminen" on prosessi jonka kautta me heitämme pois raivon, vihan ja muiden vastaavien kaltaiset epätotuudet. Rukoillessamme tunnollisesti yrittäessämme hankkiutua eroon raivosta ja vihasta raivo repiytyy meistä pois nöyryyden siemenen tullessa istutetuksi meihin ja viha karsiutuu meistä kun rakkauden siemen versoo meissä. Me voimme kasvaa Hänen uskollisina lapsinaan kun epätotuudet on kitketty ja häiritsevä paholais-vihollinen on pyydystetty.

Tärkeä osa pellosta huolehtimista sen jälkeen kun se on kylvetty on oikean hetken odottaminen periksiantamattomasti ja kärsivällisesti. Siemenet eivät pysty juurtumaan jos maanviljelijä kaivaa ne esiin heti istutuksen jälkeen nähdäkseen kuinka ne kasvavat. Sadonkorjuun odottaminen vaati paljon omistautuneisuutta ja kärsivällisyyttä.

Se kuinka paljon aikaa tarvitaan ennen kuin kasvi kantaa

hedelmää riippuu siemenestä. Melonin tai vesimelonin siemen voi kantaa hedelmää alle vuodessa kun taas omena tai päärynä tarvitsevat muutaman vuoden ennen kuin ne alkavat tuottaa hedelmää. Gingengiä viljelevän maanviljelijän riemu on paljon suurempi kuin vesimelonia viljelevän maanviljelijän sadonkorjuun hetkellä, sillä ginseng tarvitsee monta vuotta kasvaakseen toisin kuin vain lyhyen hetken vaativat vesimelonit.

Samalla tavalla mekin voimme toisinaan saada Jumalalta vastauksia ja korjata hedelmiä saman tien kun me kylvämme Hänen edessään Hänen sanansa mukaisesti, kun taas toisinaan meidän pitää odottaa hieman kauemmin vastausten saamiseksi. Galatalaiskirje 6:9 muistuttaa meitä: *"Ja kun hyvää teemme, älkäämme lannistuko, sillä me saamme ajan tullen niittää, jos emme väsy."* Meidän tulee huolehtia pellostamme kärsivällisesti ja tunnollisesti aina sadonkorjuun hetkeen saakka.

4. Me korjaamme mitä me olemme kylväneet

Jeesus sanoo meille Joh. 12:24:ssä näin: *"Totisesti, totisesti minä sanon teille: jos ei nisun jyvä putoa maahan ja kuole, niin se jää yksin; mutta jos se kuolee, niin se tuottaa paljon hedelmää."* Oikeudenmukainen Jumala asetti lakinsa mukaan Jeesuksen Kristuksen, Hänen ainoan Poikansa, sovitusuhriksi ihmiskunnan puolesta, ja Hän salli Kristuksen tulevan vehnänjyväksi, lankeavan ja kuolevan. Kuolemansa kautta Jeesus tuotti paljon hedelmää.

Hengellisen maailman laki on samankaltainen kuin luonnonlaki joka sanoo, että "sinä korjaat mitä olet kylvänyt", ja samalla tavalla tätä Jumalan lakia ei voida rikkoa. Galatalaiskirje 6:7-8 sanoo meille erikseen näin: *"Älkää eksykö, Jumala ei salli itseänsä pilkata; sillä mitä ihminen kylvää, sitä hän myös niittää. Joka lihaansa kylvää, se lihasta turmeluksen niittää; mutta joka Henkeen kylvää, se Hengestä iankaikkisen elämän niittää."*

Kylvötyönsä tehnyt maanviljelijä saattaa korjata osan sadostaan aikaisemmin riippuen siitä mitä hänen kylvämänsä siemenet ovat. Mitä enemmän maanviljelijä kylvää ja mitä tunnollisemmin hän peltoaan hoitaa, sitä suuremman sadon hän saa korjata. Samalla tavalla mekin saamme korjata mitä olemme kylväneet myös suhteessamme Jumalaan.

Ylhäältä tulevan voiman avulla sinä saat elää Jumalan sanan mukaisesti jos sinä kylvät rukousta ja ylistystä. Kaikki sairaudet lähtevät sinusta ja sinä saat lihan ja hengen siunauksia jos sinä teet uskollisesti työtä Jumalan kuningaskunnan eteen. Hän antaa sinulle suurempia taloudellisia siunauksia jos sinä kylvät uskollisesti materiaalisilla omistuksillasi kymmenyksiä ja kiitosuhreja. Näiden siunausten avulla Hän antaa sinun käyttää niitä Hänen kuningaskuntansa ja vanhurskautensa puolesta.

Meidän Herramme palkitsee jokaisen sen mukaan mitä hän on tehnyt, ja Hän sanoo meille jakeessa Joh. 5:29 näin: *"Ja tulevat esiin, ne, jotka ovat hyvää tehneet, elämän ylösnousemukseen, mutta ne, jotka ovat pahaa tehneet, tuomion ylösnousemukseen."* Joten meidä pitää elää Pyhän

Hengen mukaisesti ja tehdä elämässämme hyvää.

Pyhän Hengen sijasta omien halujensa mukaan kylvänut henkilö voi korjata ainoastaan maailmallisia asioita jotka ovat lopulta katoavaisia. Toisia arvosteleva ja tuomitseva tulee itse tuomituksi ja arvostelluksi Jumalan sanan mukaisesti, joka sanoo: *"Älkää tuomitko, ettei teitä tuomittaisi; sillä millä tuomiolla te tuomitsette, sillä teidät tuomitaan; ja millä mitalla te mittaatte, sillä teille mitataan"* (Matt. 7:1-2).

Jumala on antanut meille anteeksi kaikki syntimme jotka me teimme ennen kuin me otimme Jeesuksen Kristuksen vastaan. Me saamme kuitenkin rangaistuksen jos me teemme syntejä sen jälkeen kun me olemme oppineet totuudesta ja synnistä vaikka me saammekin anteeksiannon katumalla.

Hengellisen maailman lain mukaisesti sinä tulet korjaamaan syntisi hedelmää jos sinä olet kylvänyt syntiä, ja niin sinä tulet kohtaamaan vaikeuksia ja koettelemuksia.

Jumalan rakkaan Daavidin tehtyä syntiä Jumala sanoi hänelle: *"Miksi sinä olet pitänyt halpana Herran sanan ja tehnyt sitä, mikä on pahaa hänen silmissään?"* sekä *"Katso, minä nostatan sinulle onnettomuuden sinun omasta perheestäsi"* (2 Samuel 12:9; 11). Daavid sai syntinsä anteeksi kun hän katui ja sanoi: "Minä olen tehnyt syntiä Herraa vastaan", mutta me tiedämme myös että Jumala löi lasta jonka Uurian vaimo synnytti Daavidille (2. Sam. 12:13-15).

Meidän tulee elää totuuden mukaan ja tehdä hyvää, muistaa että me korjaamme kaikessa mitä me olemme kylväneet, kylvää Pyhän Hengen puolesta, saada Pyhältä Hengeltä ikuinen elämä ja saada aina Jumalalta ylitsevuotavaisia siunauksia.

Raamatussa esiintyy useita henkilöitä jotka miellyttivät Jumalaa uskollaan ja saivat Häneltä runsaasti siunauksia. Suunemissa eräs nainen kohteli Elisaa, Jumalan miestä, kohteliaasti ja kunnioittaen, ja niin hän asui aina tämän talossa ollessaan alueella. Nainen keskusteli miehensä kanssa vierashuoneen valmistelemisesta Elisaa varten, ja tämän jälkeen hän valmisti huoneen profeettaa varten ja asetti sinne vuoteen, pöydän, tuolin ja lampun ja kehotti sitten Elisaa asettumaan taloonsa (2. Kun. 4:8-10).

Elisa liikuttui suuresti naisen omistautuneisuudesta. Hän sai selville että naisen mies oli vanha ja että heillä ei ollut lapsia siitä huolimatta että lapsen saaminen oli tämän naisen unelma. Elisa pyysi Jumalalta syntymän siunausta tälle naiselle ja vuotta myöhemmin Jumala antoi naiselle poikalapsen (2. Kun. 4:11-17).

Jumala lupaa meille Psalmissa 37:4 seuraavasti: *"Silloin sinulla on ilo Herrassa, ja hän antaa sinulle, mitä sinun sydämesi halajaa."* Suunemin naiselle annettiin mitä hänen sydämensä halusi kun hän kohteli Jumalan palvelijaa hyvin (2. Kun. 4:8-17).

Ap. t. 9:36-40 kertoo Joppassa asuvasta Tabita-nimisestä naisesta joka oli täynnä lempeyden ja hyväntekeväisyyden töitä. Hän sairastui ja kuoli, ja opetuslapset välittivät tämän uutisen Pietarille. Pietarin saapuessa paikalla lesket näyttivät hänelle viitat ja muut vaatekappaleet jotka Tabita oli heille tehnyt ja anoivat Pietarilta että hän toisi naisen takaisin elämään.

Pietari liikuttui syvästi näiden naisten eleestä ja rukoili Jumalaa vilpittömästi. Hän kehotti Tabitaa nousemaan ylös ja tämä avasi silmänsä ja nousi istumaan. Tabita oli lylvänyt Jumalan edessä tekemällä hyvää ja auttamalla köyhiä, ja tämän tähden häntä siunattiin antamalla hänen elämälleen jatkoaikaa.

Markus 12:44 kertoo kuinka köyhä leski antoi kaikkensa Jumalalle. Jeesus seurasi kuinka väkijoukko antoi uhrinsa temppelille, ja Hän sanoi opetuslapsilleen seuraavasti: *"Sillä he kaikki panivat liiastaan, mutta tämä pani puutteestaan kaiken, mitä hänellä oli, koko elämisensä."* Jeesus siis ylisti tätä köyhää leskeä, eikä siis ole vaikeaa tietää että tälle naiselle annettiin yhä suurempia siunauksia hänen myöhemmässä elämässään.

Hengellisen maailman lain mukaan oikeudenmukainen Jumala sallii meidän korjata mitä me olemme kylväneet, ja Hän palkitsee meidät sen mukaan mitä me olemme itsekukin tehneet. Jumala työskentelee jokaisen henkilökohtaisen uskon mukaisesti sen mukaan kuinka paljon hän uskoo Hänen sanaansa ja noudattaa sitä, ja siten meidän tulee ymmärtää että me voimme saada kaiken mitä me rukouksessa pyydämme. Minä rukoilen Jeesuksen Kristuksen nimessä, että tämä mielessä sinä tutkisit sydäntäsi, jalostaisit sen tunnollisesti hyväksi maaperäksi, kylväisit paljon siemeniä, huolehtisit niistä kärsivällisesti ja omistautuneesti ja kantaisit runsaasti hedelmää.

Luku 6

Jumala vastasi Elialle tulen avulla

Ja Elia sanoi Ahabille:
"Nouse, syö ja juo, sillä sateen kohina kuuluu."
Niin Ahab nousi syömään ja juomaan.
Mutta Elia nousi Karmelin huipulle,
kumartui maahan ja painoi kasvonsa polviensa väliin.
Ja hän sanoi palvelijallensa: "Nouse ja katso merelle päin."
Tämä nousi ja katsoi, mutta sanoi: "Ei näy mitään."
Hän sanoi: "Mene takaisin." Näin seitsemän kertaa.
Seitsemännellä kerralla palvelija sanoi: "Katso, pieni pilvi,
miehen kämmenen kokoinen, nousee merestä."
Niin Elia sanoi: "Nouse ja sano Ahabille:
'Valjasta ja lähde alas, ettei sade sinua pidättäisi.'"
Ja tuossa tuokiossa taivas kävi mustaksi pilvistä
ja myrskytuulesta, ja tuli ankara sade.
Mutta Ahab nousi vaunuihinsa ja lähti Jisreeliin.

1. Kun. 18:41-45

Jumalan voimallinen palvelija Elia todisti elävästä Jumalasta ja antoi epäjumalia palveleville israelilaisille tilaisuuden katua syntejään Jumalalta saamansa, tulen muodossa esiintyneen rukousvastauksen avulla. Israelissa ei myöskään ollut satanut kolmeen ja puoleen vuoteen Jumalan vihan tähden ja Elia teki ihmeteon päättämällä kuivuuden ja tuomalla maahan rankkasateen.

Jos me uskomme elävään Jumalaan, meidän tulee saada Elian tavoin elämässämme tulen kaltaisia rukousvastauksia Jumalalta, todistaa Hänestä ja tuottaa Hänelle kunniaa.

Meidän tulee tulla Jumalan siunauiksi lapsiksi jotka saavat Isältään aina vastauksia tulen kautta tutkimalla Elian uskoa, jonka kautta hän sai Jumalalta vastauksen tulen kautta ja näki omin silmin kuinka hänen sydämensä halut täyttyivät.

1. Elian, Jumalan palvelijan, usko

Jumalan valittuna kansana israelilaisten tuli palvoa ainoastaan Jumalaa. Heidän kuninkaansa alkoivat kuitenkin tehdä Jumalan silmissä pahaa ja palvoa epäjumalia. Ahabin noustessa valtaan Israelin kansa alkoi tehdä yhä enemmän pahaa ja epäjumalanpalvonta saavutti huippupisteensä. Tällöin Jumalan viha Israelia kohtaan tuli esiin kolme ja puoli vuotta kestävänä kuivuutena. Jumala asetti Elian palvelijakseen ja teki hänen kauttaa tekojaan.

Jumala sanoi Elialle: *"Nouse ja sano Ahabille: Valjasta ja lähde alas, ettei sade sinua pidättäisi"* (1. Kun. 18:1).

Israelilaiset Egyptistä tuonut Mooses niskoitteli aluksi Jumalaa vastaan kun Hän käski tätä menemään faaraon eteen. Myös profeetta Samuel niskoitteli aluksi Jumalaa vastaan kun Hän käski tätä voitelemaan Daavidin. Elia kuitenkin noudatti Jumalan käskyä napisematta kun Jumala käski häntä menemään Ahabin, hänen tappamistaan kolmen vuoden ajan yrittäneen kuninkaan eteen. Näin Elia osoitti Jumalaa hyvn paljon miellyttäneen uskonsa.

Elia noudatti ja uskoi kaikkea mikä oli Jumalan sana, ja tämän tähden Jumala saattoi tehdä tekojaan tämän profeetan kautta yhä uudestaan ja uudestaan. Elian kuuliainen usko miellytti Jumalaa ja Hän rakasti profeettaansa, tunnusti hänet palvelijakseen, oli aina hänen kanssaan mihin tahansa hän meni ja takasi kaikki hänen työnsä. Jumala tunnusti Elian uskon ja tämän tähden hän saattoi herättää kuolleita, saada Jumalalta tulen vastauksen ja nousta taivaaseen tuulenpyörteen mukana. On vain yksi Jumala joka istuu taivaallisella valtaistuimellaan mutta tästä huolimatta Hän pystyy valvomaan kaikkea maailmankaikkeudessa olevaa ja sallimaan tekojensa tulla esiin siellä missä Hän haluaa. Mark. 16:20 sanoo: *"Mutta he lähtivät ja saarnasivat kaikkialla, ja Herra vaikutti heidän kanssansa ja vahvisti sanan sitä seuraavien merkkien kautta."* Tämän mukaan Jumalan vastaukset seuraavat henkilön rukouksia Hänen rakkautensa ja työnsä merkiksi kun Hän tunnustaa palvelijansa ja tämän uskon.

2. Elia sai Jumalalta tulen vastauksen

Elian usko oli vahva ja hän oli tarpeeksi kuuliainen ollakseen Jumalan tunnustuksen arvoinen, ja tämän ansiosta hän saattoi julistaa rohkeasti Israelia uhkaavasta kuivuudesta.

Hän saattoi julistaa Ahab-kuninkaalle: *"Niin totta kuin Herra, Israelin Jumala, elää, jonka edessä minä seison: näinä vuosina ei tule kastetta eikä sadetta muutoin kuin minun sanani kautta"* (1. Kun. 17:1).

Jumala oli jo tietoinen siitä että Ahab tulisi uhkaamaan kuivuudesta profetoivan Elian henkeä ja tämän tähden Hän johdatti profeetan Keretin purolle, kehotti häntä piileskelemään siellä jonkin aikaa ja käski korppeja tuomaan hänelle leipää ja lihaa aamuisin ja illoin. Keretin puron kuivuttua sateiden puutteesta Jumala johdatti Elian Sarpatiin ja antoi siellä asuneen lesken ruokkia hänet.

Tämän lesken poika sairastui, heikkeni ja lopulta kuoli. Tämän tapahtuessa Elia kutsui Jumalaa rukouksessa: *"Herra, minun Jumalani, anna tämän pojan sielun tulla häneen takaisin"* (1. Kun. 17:21).

Jumala kuuli Elian rukouksen, herätti pojan takaisin henkiin ja salli hänen elää. Tämän tapahtuman avulla Jumala todisti että Elia oli Jumalan mies ja että hänen suussaan oleva Jumalan sana oli totuus (1. Kun. 17:24).

Meidän sukupolvemme elää aikana jolloin on mahdotonta uskoa Jumalaan elleivät he näe ihmeellisiä merkkejä ja ihmeitä (Joh. 4:48). Voidaksemme todistaa elävästä Jumalasta jokaisen meistä tulee aseistautua Elian omaavan uskon kaltaisella uskolla ja levittää evankeliumia rohkeasti.

Kolme vuotta sen jälkeen kun Elia oli sanonut Ahabille: *"Näinä vuosina ei tule kastetta eikä sadetta muutoin kuin minun sanani kautta"* Jumala sanoi profeetalleen seuraavanlaisesti: *"Mene ja näyttäydy Ahabille, niin minä annan sateen maan päälle"* (1. Kun. 18:1). Luukas 4:25 sanoo: *"Eliaan aikana Israelissa, kun taivas oli suljettuna kolme vuotta ja kuusi kuukautta ja suuri nälkä tuli kaikkeen maahan."* Toisin sanoen Israelissa ei satanut kolmeen ja puoleen vuoteen. Ennen Elian astumista Ahabin eteen tämä kuningas oli etsinyt profeettaa turhaan jopa naapurimaista, uskoen että maata koetteleva kolme ja puoli vuotta kestävä kuivuus oli Elian syytä.

Elia noudatti Jumalan sanaa rohkeasti vaikka olikin todennäköistä että Ahab tappaisi hänet heti nähtyään. Elian seisoessa Ahabin edessä, kuningas kysyi häneltä: *"Siinäkö sinä olet, sinä, joka syökset Israelin onnettomuuteen?"* (1. Kun. 18:17) Elia vastasi tähän näin: *"En minä syökse Israelia onnettomuuteen, vaan sinä ja sinun isäsi suku, koska te hylkäätte Herran käskyt ja koska sinä seuraat baaleja"* (1. Kun. 18:18). Hän välitti kuninkaalle Jumalan tahdon olematta hetkenkään verran peloissaan. Elia meni vielä pidemmälle ja sanoi Ahabille: *"Mutta lähetä nyt kokoamaan kaikki Israel minun luokseni Karmel-vuorelle, sekä neljäsataa viisikymmentä Baalin profeettaa ja neljäsataa Aseran profeettaa, jotka syövät Iisebelin pöydästä"* (1. Kun. 18:19).

Elia tiesi että kuivuus kohtasi Israelia sen tähden että se palvoi epäjumalia ja tämän tähden hän halusi kilpailla 850 epäjumalan profeetan kanssa ja sanoi: *"Tulella vastaava jumala on Jumala"* (1. Kun. 18:24). Elia uskoi Jumalaan, ja niin profeetta osoitti uskonsa Häneen uskolla jonka avulla hän uskoi että Jumala tulisi vastaamaan tulella.

Sitten hän sanoi Baalin profeetoille: *"Valitkaa itsellenne toinen mullikka ja valmistakaa se ensin, sillä teitä on enemmän. Huutakaa sitten jumalanne nimeä, mutta älkää panko tulta"* (1. Kun. 18:25). Elia pilkkasi Baalin profeettoja kun he eivät saaneet mitään vastausta aamun ja illan välisenä aikana.

Elia uskoi että Jumala vastaisi hänelle tulella ja käski tyytyväisenä israelilaisia rakentamaan alttarin ja kaatamaan vettä sen päällä olevan uhrin ja polttopuiden päälle. Sitten hän rukoili Jumalaa.

Vastaa minulle, Herra, vastaa minulle, että tämä kansa tulisi näkemään, että sinä, Herra, olet Jumala ja että sinä käännät heidän sydämensä takaisin (1. Kun. 18:37).

Tällöin Herran tuli lankesi taivaasta ja poltti polttouhrin, polttopuut, alttarin kivet sekä tomun ja vielä joi alttaria ympäröivässä ojassa olleen veden. Tämän nähdessään ihmiset lankesivat kasvoilleen ja sanoivat: *"Herra on Jumala! Herra on Jumala"* (1. Kun. 18:38-39).

Kaikki tämä oli mahdollista sen tähden että Elia ei epäillyt edes hitusen verran pyytäessään Jumalalta (Jaak. 1:6) ja hän uskoi jo saaneensa mitä hän rukouksessa pyysi (Mark. 11:24). Miksi Elia käski että polttouhrin päälle piti kaataa vettä ennen hänen rukoustaan? Kuivuus oli kestänyt kolme ja puoli vuotta, ja siten kaikista arvokkain ja harvinaisin asia tähän aikaan oli vesi. Täyttämällä neljä suurta ruukkua vedellä ja kaatamalla tämän uhrin päälle kolme kertaa (1. Kun. 18:33-34) Elia osoitti Jumalalle uskonsa ja antoi Hänelle kaikista kallisarvoisimman asian. Jumala, joka rakastaa iloisesti antavaa (2. Kor. 9:7), ei antanut Elian pelkästään korjata mitä hän oli kylvänyt vaan antoi profeetalleen vastauksen tulen avulla ja todisti siten kaikille israelilaisille että Jumala oli todellakin elävä.

Me voimme todistaa elävästä Jumalasta Hänen tulen vastaustensa avulla kun me seuraamme Elian jalanjälkiä ja osoitamme Jumalalle uskomme, annamme Hänelle kaikista kallisarvoisimpamme ja valmistaudumme ottamaan vastaan Hänen vastauksensa meidän rukouksiimme.

3. Elia tuo maahan rankkasateen

Elia toi elävän Jumalan esiin israelilaisille Hänen tulen vastauksensa avulla ja sai näin epäjumalia palvovat israelilaiset katumaan. Hän myös muisti Ahabille vannomansa valan: *"Niin totta kuin Herra, Israelin Jumala, elää, jonka edessä minä seison: näinä vuosina ei tule kastetta eikä sadetta muutoin kuin minun sanani kautta"* (1. Kun. 17:1). Hän sanoi kuninkaalle: *"Nouse, syö ja juo, sillä sateen kohina kuuluu"* (1. Kun. 18:41), ja kiipesi Karmel-vuoren huipulle. Hän teki näin täyttääkseen Jumalan sanan joka oli luvannut lähettää maahan sadetta ja ottaakseen vastaan Hänen vastauksensa.

Saavutettuaan Karmelin huipun Elia polvistui maahan ja laski päänsä jalkojensa väliin. Miksi Elia rukoili tällä tavalla? Elia oli niin suuren tuskan vallassa rukoillessaan.

Tämän mielikuvan avulla me voimme kuvitella kuinka vilpittömästi Elia kutsui Jumalaa koko sydämellään. Elia ei myöskään lakannut rukoilemasta ennen kuin hän näki Jumalan vastauksen omilla silmillään. Profeetta käski palvelijaansa pitämään silmänsä merelle päin suunnattuina kunnes hän näkisi ihmisen käden kokoisen pilven. Elia rukoili tällä tavalla seitsemän kertaa. Tämä oli tarpeeksi liikuttamaan Jumalaa ja järisyttämään Hänen taivaallista valtaistuintaan. Elia toi maahan sateen kolmen ja puolen kuivuuden vuoden jälkeen, ja niin me voimme olettaa että hänen rukouksensa oli äärimmäisen voimallinen.

Saadessaan Jumalalta tulen vastauksen Elia tunnusti suullaan että Jumala tekisi hänelle tekoja vaikka Jumala ei ollutkaan puhunut siitä. Hän teki samoin tuodessaan sateen maahan. Nähdessään ihmisen käden kokoisen pilven taivaalla hän lähetti sanan Ahabille: *"Valjasta ja lähde alas, ettei sade sinua pidättäisi"* (1. Kun. 18:44). Elia omasi uskon jonka avulla hän saattoi tunnustaa suullaan siitä huolimatta että hän ei nähnyt silmillään (Hepr. 11:1). Jumala pystyi tekemään tekoja profeetan uskon mukaisesti, ja pienen hetken kuluttua taivas tummui ja täyttyi tuulella ja pilvillä, täyttäen maan rankkasateella profeetan tahdon mukaisesti (1. Kun. 18:45).

Meidän pitää uskoa että Elialle tulen avulla vastauksensa antanut ja kolme ja puoli vuotta kestäneen kuivuuden rukouksen jälkeen lopettanut Jumala on sama Jumala joka ajaa meidän koettelemuksemme ja kärsimyksemme pois, antaa meille mitä meidän sydämemme halajaa ja siunaa meitä Hänen ihmeellisillä siunauksillaan.

Minä olen varma että tähän mennessä sinä olet ymmärtänyt että voidaksesi saada Jumalalta tulen vastauksia, tuottaa Hänelle kirkkautta ja täyttää sydämesi toiveet, sinun tulee ensin osoittaa Hänelle Häntä miellyttävää uskoa, tuhota Hänen ja sinun välissä seisova synnin muuri ja pyytää Häneltä mitä tahansa lainkaan epäilemättä.

Toisekseen, sinun tulee rakentaa Jumalan eteen alttari riemussa, antaa Hänelle uhreja ja rukoilla vilpittömästi. Kolmanneksi, sinun tulee tunnustaa suullasi että Jumala tekee tekoja puolestasi ennen kuin sinä olet saanut Häneltä vastausta. Tällöin Jumala mielistyy sinuun suuresti ja vastaa sinun rukoukseesi jotta sinä voit kirkastaa Häntä suuresti sydämesi kyllyydestä.

Meidän Jumalamme vastaa meille kun me rukoilemme Häntä sieluumme, lapsiimme, terveyteemme, työhömme ja muihin vastaaviin asioihin liittyvien ongelmien puolesta, ja Hän saa meiltä puolestaan paljon kunniaa ja kirkastusta. Meidän tulee kaikkien omata Elian uskon kaltaista täyttä uskoa, rukoilla kunnes me saamme Jumalalta vastauksia ja tulla Hänen siunatuiksi lapsikseen antaen aina kunnian meidän Isällemme!

Luku 7

Sydämesi halujen täyttämiseksi

Silloin sinulla on ilo Herrassa,
ja hän antaa sinulle, mitä sinun sydämesi halajaa.

Psalmi 37:4

Nykyään monet ihmiset pyytävät kaikkivaltiaalta Jumalalta vastauksia erilaisiin ongelmiinsa. He rukoilevat palavasti, paastoavat ja viettävät koko yön rukouksessa tullakseen parannetuksi, nostaakseen epäonnistuneet liiketoimet taas ylös, saadakseen lapsia ja tullakseen siunatuksi taloudellisesti. Valitettavasti on kuitenkin enemmän ihmisiä jotka eivät saa Jumalalta vastauksia ja siten eivät tuota Hänelle kunniaa kun niitä jotka pystyvät tähän.

Nämä ihmiset väsyvät kun he eivät kuule Jumalasta mitään kuukauden tai parin sisällä ja he sanovat "Jumalaa ei ole olemassa." He kääntyvät Jumalasta pois kokonaan ja alkavat palvoa epäjumalia, tahraten näin Hänen nimensä. Kuinka kyseessä voi olla "aito usko", jos henkilö käy kirkossa mutta ei sa Häneltä voimaa eikä tuota Hänelle kunniaa?

Jumalaan todella uskovansa tunnustavan henkilön tulee pystyä saamaan Hänen lapsenaan mitä hänen sydämensä halajaa ja pystyä täyttämään mitä hän haluaa tämän maallisen elämänsä aikana tehdä. Monet eivät kuitenkaan pysty täyttämään sydämensä haluja siitä huolimatta että he tunnustavat uskovansa. Tämä johtuu siitä että he eivät tunne itseään. Tutkikaamme seuraavaksi tämän luvun alussa olevan jakeen avulla kuinka me voimme tyydyttää sydämemme halut.

1. Ensinnäkin, henkilön tulee tutkiskella sydäntään

Jokaisen tulee tutkiskella itseään nähdäkseen uskooko hän

todellakin kaikkivaltaaseen Jumalaan, onko hänen uskonsa vain puolinaista ja epäilevää vai onko hänen sydämensä kavala joka halajaa vain omaa onneaan. Ennen Jeesuksen Kristuksen kohtaamista suurin osa ihmisistä viettää elämänsä epäjumalia palvoen tai ainoastaan itseensä luottaen. Suurien koettelemusten tai kärsimysten aikana he kuitenkin ymmärtävät että heitä kohtaavat koettelemukset eivät ratkea ihmisten tai epäjumalien voimin, ja niin he alkavat pohdiskella maailmaa, kuulevat että Jumala voi ratkaista heidän ongelmansa ja lopulta löytävät tiensä Jumalan luokse.

Sen sijaan että he kohdistaisivat katseensa Jumalan voimaan nämä maailmalliset ihmiset ajattelevat epäillen. "Vastaisiko Hän minulle jos minä anoisin Häntä?" tai "No, ehkä rukoileminen voi ratkaista minun ongelmani." Kaikkivaltias Jumala kuitenkin hallitsee ihmiskunnan historiaa sekä ihmisten elämää, kuolemaa, kirouksia sekä siunauksia. Hän myös herättää kuolleet eloon ja tutkiskelee ihmisten sydämet ja siten Hän ei vastaa epäilevän sydämen omaavalle henkilölle (Jaak. 1:6-8).

Sydämensä halujen täyttämistä halavan tulee ensin heittää pois epäilyksensä ja onnea etsivän sydämensä sekä uskoa että hän on jo saanut kaiken mitä hän kaikkivaltiaalta Jumalalta rukouksessa pyytää. Vasta tällöin voimallinen Jumala kaataa rakkautensa hänen päälleen ja sallii hänen sydämensä halujen tulla täytetyksi.

2. Toisekseen, henkilön varmuus pelastuksesta ja hänen uskonsa tilan pitää tulla tutkituksi

Nykyajan kirkossa monilla uskovilla on ongelmia uskonsa kanssa. On murheellista nähdä kuinka yllättävän suuri joukko ihmisiä harhailee hengellisesti, kuinka moni ei hengellisen ylpeytensä tähden näe että heidän uskonsa on menossa väärään suuntaan tai kuinka monelta puuttuu varmuus pelastuksesta vaikka he ovatkin eläneet Kristuksessa ja palvelleet Häntä usean vuoden ajan.

Roomalaiskirje 10:10 sanoo: *"Sillä sydämen uskolla tullaan vanhurskaaksi ja suun tunnustuksella pelastutaan."* Ylhäältä vapaasti annettavan Pyhän Hengen armosta sinä saat vallan Jumalan lapsena kun sinä avaat oven sydämeesi ja otat Jeesuksen Kristuksen Pelastajaksesi. Sinä saat myös varmuuden pelastuksestasi kun sinä todistat suullasi että Jeesus Kristus on Pelastajasi ja uskot sydämesi pohjasta että Jumala on herättänyt Jeesuksen kuolleista.

Uskosi tilassa on ongelma jos sinä et ole varma siitä oletko sinä saanut pelastuksen osaksesi. Tämä johtuu siitä että sinä et voi elää Isän tahdon mukaisesti jos sinulla ei ole varmuutta siitä että Jumala on sinun Isäsi ja että sinä olet saanut taivaan kansalaisuuden ja tullut Hänen lapsekseen.

Tästä syystä Jeesus sanoo meille näin: *"Ei jokainen, joka sanoo minulle: 'Herra, Herra!', pääse taivasten valtakuntaan, vaan se, joka tekee minun taivaallisen Isäni tahdon"* (Matt. 7:21). Jos "Isä Jumalan ja pojan (tai tyttären)" välinen suhde ei ole vielä kehittynyt, on vain luonnollista että henkilö ei saa Häneltä vastauksia. Hän ei voi myöskään saada Jumalalta vastauksia vaikka tämä suhde olisikin jo kehittynyt jos hänen sydämessään on Jumalan silmissä jotakin vikaa.

Jumala ratkaisee jokaisen sinun ongelmasi sairaudet, liike-elämän ongelmat ja taloudelliset ongelmat mukaanlukien, ja Hän tekee kaikessa tekoja sinun hyväksesi jos sinusta tulee Jumalan lapsi jolla on varmuus pelastuksesta ja sinä kadut sitä että et ole elänyt Jumalan tahdon mukaisesti.

Jumala auttaa sinua totuuuden sanan avulla selviämään kaikista ongelmista ja vaikeuksista sinun ja lapsesi välillä jos sinä huudat Jumalaa avuksesi sinun ja lapsesi välillä olevien ongelmien tähden. Ajoittain vika löytyy lapsista, kun taas useimmiten vastuu lapsien vaikeuksista on vanhempien. Jumala antaa vanhemmille viisautta ja toimii sekä vanhempien että lasten hyväksi jos vanhemmat kääntyvät omilta vääriltä teiltään ja katuvat, yrittävät kasvattaa lapsensa kunnolla ja antavat kaiken Jumalan käsiin ennen kuin alkavat osoitella lapsiaan syyttävin sormin.

Sen sijaan että sinä paastoaisit, rukoilisit ja viettäisit koko yön hätäisessä rukouksessa sinun tulee tulla totuuden avulla selville siitä mikä on tukkinut sinun ja Jumalan välillä olevan kanavan sekä katua ja kääntyä synneistäsi jos sinä tulet kirkkoon etsien vastauksia vaikeuksiisi lastesi, sairauksien, taloudellisten asioiden ja muiden vastaavien asioiden kanssa kokemiisi ongelmiin.

On useita esimerkkejä siitä kuinka ihmiset eivät ole ymmärtäneet totuutta täysin eivätkä siten saa Jumalalta vastauksia ja siunauksia, ja tämän tähden meidän tulee kaikkien tyydyttää sydämemme halut tulemalla varmaksi pelastuksestamme ja elämällä Jumalan tahdon mukaisesti (5. Moos. 28:1.14).

3. Kolmanneksi, sinun tulee miellyttää Jumalaa teoillasi

Jumalan, itse Luojan, tunnustava ja Jeesuksen Kristuksen Pelastajakseen hyväksyvän henkilön sielu kukoistaa sen mukaan kuinka paljon hän oppii totuudesta ja pyhittyy. Tämän lisäksi hän voi elää elämäänsä Häntä miellyttävällä tavalla jatkaessaan Jumalan sydämen tutkiskelua. Kaksi- tai kolmevuotiaat lapset eivät vielä tiedä kuinka miellyttää vanhempiaan, mutta saavutettuaan teini-iän ja aikuisuuden he ovat jo oppineet kuinka tuottaa heille mielihyvää. Samalla tavalla Jumalan lapset miellyttävät Isäänsä sitä enemmän mitä paremmin he ymmärtävät totuutta ja elävät sen mukaan.

Raamattu kertoo meille yhä uudelleen ja uudelleen kuinka uskomme esi-isät saivat vastauksia rukouksiinsa miellyttämällä Jumalaa. Kuinka Aabraham miellytti Jumalaa?

Aabraham etsi aina rauhaa ja pyhyyttä ja eli näiden mukaan (Genesis 13:9), palveli Jumalaa koko ruumiilllaan, sydämellään ja mielellään (Genesis 18:1-10), ja noudatti Häntä kaikessa ajattelematta asioita omien ajatustensa mukaan (Hepr. 11:19;

Genesis 22:12), sillä hän uskoi että Jumala pystyi herättämään kuolleet. Tämän johdosta Aabraham siunattiin kaikin tavoin lapsien, taloudellisten asioiden, terveydentilan ja kaiken muun vastaavan suhteen (Genesis 22:16-18; 24:1).

Miksi Nooa sai Jumalalta siunauksia? Hän oli vanhurskas, nuhteeton sukupolvensa joukossa ja kulki Jumalan kanssa (Genesis 6:9). Vedenpaisumuksen tuomion peittäessä koko maailman ainoastaan Nooa ja hänen perheensä pystyivät välttämään tämän rangaistuksen ja tulemaan pelastetuiksi. Nooa kulki Jumalan kanssa, hän pystyi noudattamaan Jumalan ääntä ja rakentamaan arkin ja johdattamaan jopa hänen perheensä pelastukseen.

Sarpatin leski istutti uskon siemenen Jumalan palvelijaan Eliaan Israelin kolme ja puolivuotisen kuivuuden aikana, ja tämän tähden hän sai ihmeellisiä siunauksia (1. Kun. 17:8-16). Hän oli uskossaan kuuliainen ja palveli Eliaa leivällä joka oli leivottu kourallisesta jauhoja ja tilkasta öljyä, ja tämän tähden Jumala siunasi häntä ja täytti profeetallisen sanansa sanoen: *"Jauhot eivät lopu ruukusta, eikä öljyä ole puuttuva astiasta siihen päivään asti, jona Herra antaa sateen maan päälle"* (jae 14).

2. Kun. 4:8-17 kertoo kuinka Suunemin nainen palveli Elisaa, Jumalan palvelijaa, kunnioittaen, ja kuinka häntä tämän johdosta siunattiin poikalapsella. Tämä nainen palveli Jumalan

palvelijaa siksi että hän rakasti Jumalaa sydämensä pohjasta, ei siksi että hän olisi halunnut jotakin vastapalvelukseksi. Eikö olekin siis selvää että tämä nainen sai Jumalan siunauksia?

On myös helppo ymmärtää että Jumalan on täytynyt olla hyvin mielissään Danielin ja hänen kolmen ystävänsä uskosta. Daniel heitettiin leijonien luolaan siksi että hän oli rukoillut Jumalaa mutta hän kuitenkin käveli luolasta ilman naarmua sen tähden että hän luotti Jumalaan (Daniel 6:16-23). Danielin kolme ystävää sidottiin ja heitettiin palavaan uuniin sen tähden etteivät he palvoneet väärää jumalaa mutta tästä huolimatta he kirkastivat Jumalaa kävelemällä ulos pätsistä ilman että yksikään heidän ruumiinosansa olisi palanut tai edes hius kärventynyt (Daniel 3:19-26).

Matteuksen 8. luvun sadanpäämies miellytti Jumalaa suurella uskollaan ja sai Häneltä vastauksia uskonsa mukaisesti. Hän sanoi Jeesukselle että hänen palvelijansa oli halvaantunut ja suurissa tuskissa. Jeesus tarjoutui käymään sadanpäämiehen talossa ja parantamaan miehen palvelijan. Sadanpäämies sanoi kuitenkin Jeesukselle: *"Vaan sano ainoastaan sana, niin minun palvelijani paranee"* (jae 8) ja osoitti näin suuren uskonsa ja rakkautensa palvelijaansa kohtaan. Jeesus ylisti häntä: *"En ole kenelläkään Israelissa löytänyt näin suurta uskoa"* (jae 10). Henkilö saa Jumalalta vastauksia uskonsa mukaan, ja tämän tähden sadanpäämiehen palvelija parantui tuolla samalla hetkellä. Halleluja!

Esimerkkejä on lisää. Markus 5:25-34 kertoo 12 vuotta verenvuodosta kärsineen naisen uskosta. Naisen tila heikkeni useista lääkäreistä ja hänen käyttämistään suurista rahasummista huolimatta. Kuultuaan Jeesuksesta tämä nainen uskoi että hän voisi parantua jos hän vain saisi koskettaa Jeesuksen vaatteita. Hän lähestyi Jeesusta takaapäin ja kosketti Hänen vaatettaan, parantuen tällä samalla hetkellä.

Minkälaisen sydämen jakeissa Ap.t. 10:1-8 esiintynyt sadanpäämies Kornelius omasi ja millä tavalla hän, pakana, palveli Jumalaa saadakseen koko perheensä pelastetuksi? Kornelius ja hänen perheensä olivat omistautuneita ja Jumalaa pelkääviä ihmisiä, ja hän antoi puutteessa oleville anteliaasti ja rukoili Jumalaa säännöllisesti. Tämän tähden Korneliuksen rukoukset ja köyhille annetut lahjat tulivat Jumalan silmissä muistolahjoiksi, ja kun Pietari vieraili hänen talossaan Jumalaa palvoakseen kaikki Korneliuksen taloudessa saivat Pyhän Hengen ja alkoivat puhua kielillä.

Ap.t. 9:36-42 kertoo Tabita-nimisestä naisesta (mikä on käännettynä Dorkas), joka oli aina tehnyt hyvää ja auttanut köyhiä mutta sitten sairastunut ja kuollut. Kun Pietari saapui paikalle opetuslastensa kehoituksesta, polvistui ja rukoili, Tabita virkosi eloon.

Elävä Jumala täyttää lastensa sydänten halut ja tekee kaikessa työtä heidän hyväkseen kun he täyttävät velvollisuutensa ja miellyttävät Isäänsä. Me saamme aina Jumalalta vastauksia läpi koko elämämme kun me todellakin uskomme tähän aidosti.

Aina silloin tällöin minä kuulen konsultaatioiden tai keskustelujan kautta ihmisistä jotka ovat aikaisemmin omanneet vahvan uskon, palvelleet kirkkoa hyvin ja olleet uskollisia mutta sitten hylänneet Jumalan koettelemuksia ja vaikeuksia kohdatessaan. Joka kerta minun sydämeni on murheellinen sen takia että nämä ihmiset eivät ole ymmärtäneet hengellisiä asioita.

Aitoa uskoa omaavat ihmiset eivät hylkää Jumalaa edes silloin kun he kohtaavat koettelemuksia. Omatessaan hengellistä uskoa he ovat iloisia ja kiitollisia sekä rukoilevat jopa koettelemusten ja kärsimysten aikana. He eivät petä Jumalaa, tule kiusatuksi tai horju uskossaan. Joskus ihmiset voivat uskollisia toivoen saavansa siunauksia tai tulevansa tunnustetuksi muiden silmissä. Uskon rukoukset on kuitenkin helppo erottaa toiveliaista rukouksista niiden lopputulosten perusteella. Hengellisessä uskossa rukoilevan rukous on varmasti Jumalaa miellyttävien tekojen säestämä, ja niin hän saa tuottaa Jumalalle suurta kunniaa täyttämällä sydämensä halut yksi kerrallaan.

Raamattu oppaanamme me olemme tutkineet kuinka uskon esi-isämme osoittivat uskonsa Jumalalle ja minkälaisella sydämellä he saattoivat miellyttää Häntä ja täyttää sydäntensä halut. Jumala siunaa lupauksensa mukaan kaikkia Häntä miellyttäviä. Henkiin virvoitettu Tabita miellytti Häntä, poikalapsella siunattu lapseton nainen Suunemissa miellytti Häntä sekä 12 vuotta verenvuodosta kärsinyt nainen miellytti Häntä. Tämän tähden meidän tulee uskoa ja kiinnittää katseemme Häneen.

Jumala sanoo; *"Jos voit! Kaikki on mahdollista sille, joka uskoo"* (Mark. 9:23). Jumala pitää varmasti kaikesta huolta kun me uskomme että Hän voi ratkaista kaikki meidän uskoamme, sairauksiamme, lapsiamme ja talouttamme koskevat ongelmamme ja luotamme Häneen (Psalmi 37:5).

Minä rukoilen Jeesuksen Kristuksen nimessä, että jokainen teistä tyydyttäisi sydämensä halut, kirkastaisi Jumalaa suuresti ja eläisi siunattua elämää miellyttämällä Jumalaa joka ei valehtele vaan pitää mitä on sanonut!

Kirjailija:
Pastori Dr. Jaerock Lee

Dr. Jaerock Lee syntyi Muanissa, Jeonnamin provinssissa, Korean Tasavallassa vuonna 1943. Nuoruudessaan Dr. Lee kärsi useista parantumattomista sairauksista seitsemän vuoden ajan. Ilman toivoa parantumisesta hän odotti kuolemaa. Eräänä päivänä keväällä 1974 hänen siskonsa johdatti hänet kirkkoon, ja hänen kumartuessaan rukoilemaan Elävä Jumala paransi hänet välittömästi kaikista hänen sairauksistaan.

Siitä hetkestä lähtien kun Dr. Lee tapasi Elävän Jumalan tuon ihmeellisen tapahtuman kautta hän on rakastanut Jumalaa vilpittömästi koko sydämellään, ja vuonna 1978 hänet kutsuttiin Jumalan palvelijaksi. Hän noudatti Jumalan Sanaa ja rukoili kuumeisesti saadakseen selvyyden Jumalan tahdosta voidakseen toteuttaa sitä. Vuonna 1982 hän perusti Manminin Central Churchin Soulissa, Koreassa, ja siitä lähtien kirkossa on tapahtunut lukemattomia Jumalan töitä, parantumisia ja muita ihmeitä mukaan lukien.

Vuonna 1986 Dr. Lee vihittiin pastoriksi Korean Jesus' Sungkyul Churchin vuotuisessa kirkkokouksessa, ja neljä vuotta myöhemmin vuonna 1990 hänen saarnojansa alettiin lähettää Australiaan, Venäjälle, Filippiineille ja useisiin muihin maihin Far East Broadcastin Companyn, the Asia Broadcast Stationin ja the Washington Christian Radion Systemin kautta.

Kolme vuotta myöhemmin vuonna 1993 *Christian World Magazine* (US) valitsi Manmin Central Churchin yhdeksi "maailman 50:stä huippukirkosta", ja hän vastaanotti kunniatohtorin arvonimen jumaluusopissa Christian Faith Collegesta, Floridassa ja vuonna 1996 teologian tohtorin arvonimen Kingsway Theological Seminarysta Iowassa.

Vuodesta 1993 lähtien Dr. Lee on johtanut maailmanlaajuista missiota useiden kansainvälisten ristiretkien kautta jotka ovat suuntautuneet Tansaniaan, Argentiinaan, Los Angelesiin, Baltimoreen, Hawaijille, sekä New Yorkiin Yhhdysvalloissa, sekä Ugandaan, Japaniin, Pakistaniin, Keniaan, Filippiineille, Hondurasiin, Intiaan, Venäjälle, Saksaan, Peruun, Kongon Demokraattiseen Tasavaltaan, Israeliin sekä Viroon.

Vuonna 2002 Korean kristilliset sanomalehdet kutsuivat häntä "kansainväliseksi pastoriksi" hänen lukuisten ulkomaisten ristiretkien aikana tekemänsä työn johdosta. Varsinkin hänen Madison Square Gardenissa järjestetty "2006 New Yorkin Ristiretki" lähetettiin yli 220 maahan. Jerusalemin kansanvälisessä kokouskeskuksessa järjestetyn vuoden 2009 "Israel Yhtykää Ristiretken" aikana hän saarnasi rohkeasti siitä kuinka Jeesus Kristus on Messia ja Pelastaha. Hänen saarnojaan on lähetetty yli 176 maahan satelliittien välityksellä sekä GCN TV:n kautta. Vuosina 2009 ja 2010 suosittu venäläinen kristillinen lehti *In Victory* ja uusi *Christian Telegraphy* valitsi hänet yhdeksi maailman 10 vaikutusvaltaisimmaksi kristillisestä johtajaksi hänen voimallisten Tv-lähetysten ja ulkomaille suuntautuneen työn tähden.

Heinäkuu 2018 Manmin Central Church on seurakunta joka muodostuu yli 130 000 jäsenestä sekä 11000 koti-ja ulkomaisesta jäsenkirkosta kautta maailman, mukaanlukien 56 kotimaista haarakirkkoa. Se on lähettänyt yli 100 lähetyssaarnaajaa 26:n maahan, mukaan lukien Yhdysvaltoihin, Venäjälle, Saksaan, Kanadaan, Japaniin, Kiinaan Ranskaan, Intiaan, Keniaan sekä useaan muuhun maahan.

Tähän päivään mennessä Dr. Lee on kirjoittanut 112 kirjaa, mukaan lukien bestsellerit *Ikuisen Elämän Maistaminen Ennen Kuolemaa*, *Elämäni ja Uskoni*, *Ristin Sanoma*, *Uskon Mitta*, *Henki Sielu ja Ruumis*, *Taivas I & II*, *Helvetti* sekä *Jumalan Voima*. Hänen teoksiaan on käännetty yli 76 kielelle.

Hän on kirjoittanut kristillisiä kolumneja useisiin sanomalehtiin, mukaanlukien *The Hankook Ilbo*, *The JoongAng Daily*, *The Dong-A Ilbo*, *The Chosun Ilbo*, *The Seoul Shinmun*, *The Kyunghyang Shinmun*, *The Hankyoreh Shinmun*, *The Korea Economic Daily*, *The Shisa New* ja *The Christian Press*.

Dr. Lee on tällä hetkellä usean lähetysorganisaation ja –seuran johdossa, mukaan lukien The United Holiness Church of Korea (presidentti), The World Christianity Revival Mission Association (pysyvä puheenjohtaja), Global Christian Network (GCN) (perustaja ja johtokunnan jäsen), The Worlds Christian Doctors Network (WCDN) (Perustaja ja puheenjohtaja), sekä Manmin International Seminary (MIS) (perustaja sekä johtokunnan jäsen).

Muita saman tekijän voimakkaita kirjoja

Taivas I & II

Yksityiskohtainen kuvaus siitä ihmeellisestä elinympäristöstä josta taivaalliset kansalaiset saavat nauttia sekä taivaallisen kuningaskunnan eri tasoista.

Ristin Sanoma

Voimallinen herätysviesti kaikille niille jotka ovat hengellisesti nukuksissa. Tästä kirjasta sinä löydät Jumalan todellisen rakkauden ja syyn siihen että Jeesus on Pelastaja.

Helvetti

Vilpitön viesti koko ihmiskunnalle Jumalalta, joka ei tahdo yhdenkään sielun joutuvan helvetin syvyyksiin! Sinä löydät koskaan aikaisemmin paljastamattoman kuvauksen Helvetin julmasta todellisuudesta.

Henki, Sielu ja Keho I & II

Kirja selittää Jumalan alkuperän ja muodon, henkien tilat, ulottuvuudet sekä pimeyden ja kirkkauden, jakaen meille salaisuuksia joiden avulla me voimme tulla hengen täyteyden ihmisiksi jotka voivat ylittää ihmisten rajoituksia.

Uskon Mitta

Minkälainen asuinsija sinulle on valmistettu taivaaseen ja minkälaiset palkkiot odottavat sinua siellä? Tämä kirja antaa sinulle viisautta ja ohjeistusta jotta sinä voisit mitata uskosi määrän ja kasvattaa uskostasi syvemmän ja kypsemmän.

Herää, Israel

Miksi Jumala on pitänyt katseensa Israelissa aina aikojen alusta tähän päivään saakka? Minkälainen suunnitelma on laadittu Messiasta odottavan Israelin viimeisiä päiviä varten?

Elämäni ja Uskoni I & II

Uskomaton hengellisyyden aromi elämästä joka puhkesi vertaistaan vailla olevaan rakkauteen Jumalaa kohtaan tummien aaltojen, kylmien ikeiden ja syvän epätoivon keskellä.

Jumalan Voima

Välttämätön teos joka opastaa kuinka omata aitoa uskoa ja kuinka kokea Jumalan ihmeellinen voima.

---

www.urimbooks.com

Onko Jumala yhä uskollinen lukemattomille Raamatussa antamilleen lupauksille?

Todistamalla Jumalan uskollisuudesta tähän teokseen kirjattu, elämää täynnä oleva sanoma, antaa lukijan ymmärtää hengellisen maailman lain, joka koskee vastausten saamista Jumalalta, joka on luvannut antaa meille kaiken mitä me rukouksessa anomme.

Finnish